THE *B*IBLE *T*HROUGH *A* PSYCHOLOGIST'S *E*YES

이수원

어느 심리학자의 성경 보기

1984년에서 건너온 아버지의 편지

아버지가 돌아가신 지 벌써 25년이 훌쩍 지났다. 1998년, 내가 석사 과정 3학기일 때 아버지가 갑자기 돌아가셔서 큰 충격을 받았었다. 이제는 내가 어느덧 53세가 되었다. 아버지가 이 편지를 작성하셨던 것은 1984년, 그때 아버지의 나이는 45세였다. 지금의 나보다 8살이나 젊었던 나이였다. 이 편지는 해외여행이 자유롭지 않았던 1984년, 아버지가 UCLA 교환교수로 귀인이론 창시자인 Weiner 교수의 초청을 받아 안식년을 보냈을 때 쓴 것이다.

약 15년 전쯤, Weiner 교수가 내가 재직하는 고려대학교를 방문한 적이 있었다. 그때 나는 아버지에 대해 물어보았는데, 그는 매우 기뻐하며 아버지에 대한 이야기를 계속하고자 했다. 당시 나는 다른 업무로 바빠서 그와 아버지에 대한 많은 이야기를 나누지 못했던 것이 아쉽게 남아 있다. 그런데 이 편지를 읽고 나니, 왜 그가 나와 아버지에 대해 그렇게 이야기하고 싶어 했는지 이제야 알 것 같다. Weiner 교수에게는 동양에서 온 아버지의 학문적 열정과 행보가 무척 신기하고 인상 깊었던 것이다.

아버지는 1984년 8월부터 이듬해 6월까지 미국에 머무르면서 하루도 빠짐없이 Weiner 교수의 연구실에서 열심히 자료를 수집하고 연구에 매진하셨다. 저녁과 주말에는 하숙방에서 영어 논문과 성경을 읽으며 편지를 쓰셨다고 한다. 아버지의 편지를 보면, 학문에 대한 깊은 고민이 담긴 구절들이 자주 등장한다.

"내 나이 벌써 45세가 지났는데 이때까지 내가 무엇을 했는지. 돌이켜보면 아무것도 한 것 없이 무엇이든 분주히 왔다 갔다 한 것밖에 없다는 것을 통절히 느낄 따름이오." (중략) "도대체 내가 무엇을 하면서 이제까지 세월을 보냈는가 하는 자책에 젖곤 하오. 그러다 보면 내가 앞으로 나아가야 할 방향에 대하여 암담한 생각이 들 때가 많소. 그리고 내 밑에서 자라는 제자들이 불쌍하게 여겨지오. 최소한 내 후속 세대는 나와 같은 전철을 되풀이시키지 말아야 할 텐데. 그것마저도 어떻게 해야 하는 것인지 아직 판단이 서지 않고 있소. '나의 길'에 대한 방황이 50대가 되어 가는데도 안착하지 못하니, 나는 원래 그런 그릇이 되지 못하는 것이 아닌가 하는 회한도 들곤 하오." (중략) "그럴 때면 이곳 학자들의 자신만만함이 얼마나 부러운지 모르겠소. 다 합리화일지 모르지만, 그들은 이런 방황을 거치지 않고도 학문을 할 수 있으니 말이오. 이 것이 다 학문적 식민지로서 약소국가가 안고 있는 비극이라 는 생각에 미치면 내가 무엇을 해야 하는지가 분명해지는데, 그것은 후학을 위해 학문적 식민 상태에서 벗어나는 길을 제 시하는 것이오. 그러나 그것은 어디까지나 이상이며, 현실로 돌아오면 다시 그들의 학문이나 방법에 압도된 나 자신을 발 견할 뿐이오. 그리하여 학문적 종노릇을 벗어나는 길조차 확 신이 서지 않는 상태에 빠지곤 하오. 무엇이 이 시점에서 방 황하는 나의 판단을 온전하게 할 수 있겠소?"

아버지는 학문적 방황과 좌절을 극복하기 위해 성경을 읽고, 그 의미를 깊이 되새기며 답을 찾으려 했던 것으로 보인다. 특히 세속 적인 것(육)과 영적인 것(영)을 논하면서, 이 둘이 별개가 아니라 서로 연결되어 있음을 이해하려고 노력하였다. 동시에 이 둘이 다 른 차원에서 작용하는 것도 인정하면서 그 복합적인 관계를 풀어 내려 했던 것이다.

하지만 아버지는 성경적 깨달음이 현실의 삶에 즉각적으로 적용 되지 않는 점에 대해 깊은 고민을 안고 있었고, 그로 인해 스스로 를 위선자이자 가증한 사람으로 여겼다. 성경을 통해 진리를 찾고

자 했으나, 이를 온전히 이해하지 못한다는 생각이 그에게는 괴로움이었다. 그는 10시간 이상 공들여 편지를 쓰면서도, 본인이 성경을 올바르게 이해했는지 끊임없이 의심하고, 자신에게 스스로 물었다.

아버지의 편지는 깊은 성찰과 사유를 담고 있어, 대학 교수로서 매일 논문을 읽고 쓰는 나조차도 쉽게 이해하기 어려운 부분이 많다. 심리학자였던 아버지의 복잡한 성경 해석은 때로는 "이게 도대체 무슨 말인가"라는 질문을 불러일으킬 수 있다. 그러나 모든 글이 그렇듯, 각자가 이해한 만큼의 깨달음을 얻어가는 것이 아닌가 생각한다.

아버지도 이러한 이유로, 자신이 확신하지 못한 편지 내용을 남에게 공개하는 것을 그리 좋아하지 않으셨던 것 같다. 그러나 37년이 지난 지금, 우리는 이 편지 글을 통해 한 심리학자가 품었던 고민과 사유를 지인들과 나누고자 한다.

창세기부터 요한계시록까지, 성경에 대한 해석은 사람마다 다를 수밖에 없다. 이 편지도 어느 한 심리학자가 성경을 해석한 글로 봐주기를 바란다. 그래서 제목을 "어느 심리학자의 성경 보기"이라 붙였다. 아마도 이 글을 읽는 사람들 역시 각자의 상황과 환경에 따라 이 편지와 성경 구절에 대해 저마다의 해석을 할 것이다. 하지만 그런 상이한 해석에도 불구하고, 아버지는 이 편지를 읽는 사람들이 성경을 통해 자신의 삶의 의미에 대해 조금 더 깊이 생각하기를 원했을 것이다. 이 편지가 우리 가족에게 그랬던 것처럼 말이다.

막내아들 상민

차례

첫 번째 편지

여보! 상훈이와 상민이, 그리고 당신의 얼굴이 눈앞에 어른거리오. 모두가 건강하고 평안하기를 하나님께 기도하오. 그동안 당신에게 편지를 보내려고 했으나, 이곳에 적응하는 것이 쉽지 않아 편지 한 장 쓸 여유조차 없었소. 모든 것이 너무나 낯설어 우체국을 찾아가는 것조차 어려웠소. 다행히도 UCLA에서 초청해준 Bernard Weiner 교수(귀인이론의 창시자)가 매우 친절하게 대해주어 연구실을 제공해주고 필요한 모든 편의를 봐주었기에, 빠르게 학교에 적응할 수 있었소. 이제 나는 이곳에 온 목적에 맞춰 연구에 집중하려고 하오. 도서관과 교수들이 가진 방대한 자료와 정보를 짧은 시간 안에 얼마나 흡수할 수 있을지 모르겠지만, 최선을 다해볼 생각이오.

학교가 끝나고 저녁이 되면 텅 빈 하숙방에서 대화할 사람조차

이 우 환
814. S. Ardmore Ave
Los Angeles, CA. 90006

LOS ANGELES, CA P.M. 24 JUN 1985

HELP THE HANDICAPPED

USA 36

To: 김 영 순
서울 영등포구 여의도동 11-1
삼부스 Apt 1307호
SEOUL, KOREA

AEROGRAMME · VIA AIRMAIL · PAR AVION

010

없는 이곳에서 가장 생각나는 것은 당신과 아이들, 그리고 나와 인연을 맺었던 모든 사람들뿐이오. 이 고독은 처음 겪는 것이라 나로서는 감당하기가 힘들지만, 이겨내기 위해 나 자신과 싸워보겠소. 그리고 앞으로는 교회에 나가지 않고 혼자서 예배를 드릴 생각이오. 이곳 이역만리에서 열흘 만에 모든 것에 정착하여 살아가게 된 것도 스스로 놀라울 따름이오. 하나님이 나를 무척 사랑하시는 것 같소. 이야기하고 싶은 것이 많아 내 이야기만 하다 보니 당신과 아이들에게 제대로 문안도 전하지 못했소. 편지를 받는 즉시 그곳 소식도 알려주기 바라오. 다른 분들에게도 안부 전해주고, 차차 편지하겠소.

두 번째 편지

　이제 모든 것이 대충 안정된 것 같소. 저녁마다 하숙방에 돌아오면, 혼자 있는 이 고요한 시간 속에서 오직 당신과 상훈이, 상민이 생각만이 가득하오. 모든 것을 하나님께 맡기고 기도할 수밖에 없소. 이 고독이 하나님과 더 가까워지는 계기가 된다는 것을 매일 실감하고 있소. 우리 집에서 함께 예배를 드리던 한 사람 한 사람의 얼굴이 하나하나 떠오르며, 내가 더 잘했어야 했다는 회개의 마음이 가끔 엄습해 오오. 결국, 하나님 앞에 회개하는 것만이 내가 할 수 있는 일인 것 같소.

　내 생활은 이제 어느 정도 안정이 되어, 아침 7시에 학교에 나가 연구실과 도서관을 오가며 필요한 자료를 수집하고 있소. 12시부터 2시까지는 학교에서 무료로 제공하는 영어회화 수업을 듣고, 점심으로는 핫도그와 우유로 간단히 해결하고 있소. 저녁 6~7시경 하숙으로 돌아와 밤 10시까지 수집한 자료를 읽다가 잠에 들고 있지. 아마 이 소식이 당신에게 제일 반가울 텐데, 여기서는 여행도 그 좋아하는 술 한 잔 마실 여유도 없고, 함께할 사람도 없소. 미국은 정말 물자가 풍부하고 제도가 잘 갖춰진 큰 나라라는 걸 새삼 실감하고 있소. 도서관만 해도 세계 각국의 거의 모든 서적들이 구비되어 있고, 그것들을 완벽하게 이용할 수 있도록 제도화가 잘 되어 있소. 이 좋은 기회를 최대한 활용해서 많은 자료를 수집해 가려고 하오. 나도 하나님 앞에 부끄럽지 않은 생활을 하도록 노력하겠소. 함께 기도합시다! "하나님, 저희를 당신의 뜻에 합당하게 지켜주시옵소서!" 아멘.

세 번째 편지

 당신과 상훈이, 상민이의 편지를 받고 기뻐서 이렇게 다시 편지를 쓰고 있소. 무엇보다도 상훈이가 상태가 좋아지고 있다니 그저 하나님께 감사할 따름이오. 또 공부도 잘했다니, 멀리서나마 박수를 보낸다고 꼭 전해주오. 내 아들, 정말 장하다고 하오. 상민이도 이제 제법 철이 들어 아빠에게 어른스러운 편지를 보내는 것이 참 대견하오. 여기서는 이제 모든 것이 안정되어 공부에만 전념하고 있소. 대학원 세미나에도 참석하고, 주로 도서관에서 자료를 모으며 시간을 보내고 있소.

 오전 중에는 대학 강의도 들어 영어실력도 점차 늘어가고 있소. 매일 세미나에 참석하고, 오후에는 도서관에 파묻혀 자료를 모으고, 7시경에 하숙에 돌아와 저녁을 먹고 모아온 자료를 정리하다가 자는 것의 반복이오. 솔직히 성경을 그동안 통 못 보았는데, 당

신의 편지를 받고 매일 저녁 창세기부터 하루 5장씩 읽어 돌아갈 때까지 성경을 통독할까 하오. 저녁에 집에 돌아오면 텅 빈 방에서 고독을 이겨나가기 위하여 하나님과 대화를 나눌 수 있는 시간을 준 것에 그저 감사할 따름이오. 한국에서 내가 만났던 모든 사람들 얼굴이 하나하나 떠오르고, 내가 그들에게 잘못했던 것들이 떠올라 회개가 되기도 하오.

무엇보다도 당신에게 미안하고, 예배를 함께 본 우리 식구들에게도 미안하오. 학생들에게도 미안하고, 내가 좀 더 잘해줄 수 있었을 텐데 하는 회개뿐이오. 하나님이 나를 참 사랑하고 계심을 이곳에 와서 절감하고 있소. 이곳에서 되어가는 모든 일이 나를 이렇게 감쌀 수 없소. 내가 몹시 갈급해할 때마다 반드시 그것을 해결해주는 사람이 나타나 나를 도와주고 있소. 말도 잘 통하지 않고 모든 것이 생소한 이곳 생활에 이렇게 빨리 적응하게 된 것은, 보이지 않는 곳에서 나를 이끌어주시는 힘 때문임을 절감하고 있소.

그리고 나로 하여금 다른 곳에 한눈팔지 못하게 하고 오로지 공부에만 전념할 수 있게 만든 것, 이곳 생활은 나중에 차차 이야기하겠지만 혼자서 무엇을 하겠소. 모든 것이 마치 미리 짜인 각본 같다는 생각이 드오. 당신 혼자 애들 돌보고 집안 살림하느라 고생이 많은 줄 아오. 하지만 이것 또한 우리 부부를 하나님이 연단하는 기회로 주신 것 같소. 고독이 오히려 하나님과 가까워지는 계기가 되는 것 같소. 나 자신을 돌아보게 되고, 회개하게 되고, 모든 것을 새롭게 생각하게 되오. 그리고 나를 향한 보이지 않는 힘을 강하게 느끼고 있소. 멀리서나마 많은 사람들을 위해 하나님께 기도드리겠소. 또한 우리 식구들의 앞날도 하나님이 지켜주시기를 간절히 기도드리오.

네 번째 편지

주일 아침(21일) 9시에 당신이 말한 대로 혼자 앉아 예배를 보았소. 어제 당신의 두 번째 편지를 받고, 그 중에 열왕기상 3장을 가지고 예배를 볼 것이라고 해서 나도 그 말씀을 가지고 예배를 드렸소. 솔로몬이 일천 번제를 드린 후 하나님께서 "너는 구하라" 하신 말씀과 "종은 작은 아이라", "구하지 아니한 복과 영광도 주겠다"는 말씀이 가슴 깊이 와 닿았소. 특히 아기를 두고 다투는 두 여인의 이야기는 나에게 새로운 깨달음을 주었소. 무언가를 자기 소유로 만들려 애쓸 때, 그 소유물은 칼로 토막 나듯 죽어버리지만, 진정으로 사랑하고 소유를 포기할 때 비로소 그 소유물이 살아난다는 말씀이 크게 다가왔소. 솔로몬은 하나님의 지혜를 받아 만물을 살리는 자의 편에 서서 산 자의 하나님을 경외할 수 있었던 것 같소.

우리가 진정으로 사랑할 때, 그 사랑하는 대상을 소유하려는 욕심을 내려놓을 수 있고, 그를 살릴 수 있다는 것을 깨달았소. 그렇다면 내가 당신이나 상훈이, 상민이, 그리고 내 주변의 사람들을 나의 소유로 생각하고, 그들을 통해 나의 소유를 확보하려고 했던 것은 아닌지 자책과 회개가 앞서오. 진정으로 이들을 사랑하지 않았다는 사실이, 그리고 이들을 위해 내가 얼마나 나를 내려놓을 수 있었는지를 돌아볼 때 부끄럽기 짝이 없소. 아기의 어미가 그 아기를 살리기 위해 자신의 소유를 포기할 수 있었던 것, 그 안에 참된 사랑이 있었음을 이제서야 깨달았소. 그것이야말로 하나님께서 우리를 살리기 위해 보여주신 유일한 길이라는 것을, 이 말씀을 읽고 나서 많은 회한이 밀려오고 있소.

나는 요즘 매일 성경을 창세기부터 하루에 5장씩 읽고 있소. 이제 창세기가 거의 끝나가고 있소. 이렇게 해서 이곳에 있는 동안 성경을 전체적으로 한번 읽어볼 생각이오. 그리고 주일 예배는 당신이 매주 상훈이와 상민이와 함께 보는 말씀을 적어 보내주면, 나도 여기서 그 말씀을 함께 보겠소. 비록 몸은 떨어져 있지만, 말씀을 통해 서로 만나고 대화하는 느낌을 가질 수 있을 것 같아 좋소. 말씀 안에서 하나가 되어, 같은 생각과 마음으로 서로를 생각하며 교제하는 것이 참 좋을 것 같소. 주말에는 혼자 바다에 나가 낚시를 하며 명상에 잠기곤 하오. 여러 가지를 좀 더 많이 돌이켜보고, 내 삶과 학문을 모두 정리해 보아야 할 때인 것 같소. 그럼 이만 줄이겠소. 하나님의 은총이 우리 집안과 아는 모든 식구들에게 함께 하기를 바라오.

다섯 번째 편지

　오늘 주일(10월 28일)을 맞아 교회에 가서 점심을 같이하고 이렇게 당신에게 펜을 들었소. 나는 아침에 홀로 예배를 보았소. 창세기 19장, 소돔과 고모라의 이야기를 읽으며 지금 이 시대와 관련된 말씀으로 받아들였소. 이곳에서는 성적인 문란함이 만연하고, 누구도 하나님을 두려워하지 않으며, 마치 인간의 힘으로 무엇이든 이룰 수 있다고 믿는 사람들이 많소. 그들이 스스로를 법관으로 생각하고, 자기 자신의 판단에만 의지하는 것처럼 보이오. 이 사회에서 내가 가장 인상 깊게 느낀 것은 인간성이 상실되고 있다는 사실이오. 물질과 제도가 우상이 되어버렸고, 사람들은 점점 더 사회 구조의 부속품처럼, 마치 종처럼 전락해가고 있소. 그들은 풍요로운 물질과 완벽한 제도를 신봉하며, 이것들로 인간이 모든 것을 정복할 수 있다고 생각하는 것 같소.

따라서 그 우상 앞에 인간이 절함으로써, 자기도 모르게 자신의 인간성이 상실되고 물질화되어 가고 있는 것 같소. 물론 이 대가로 얻는 것은 물질적 풍요와 끝없는 향락이오. 누가 더 많은 향락을 누릴 수 있는 위치에 있는가가 이곳에서 선망의 대상이 되고 있소. 사회의 모든 구성원이 이를 위해 몸부림치며, 이 대열에서 벗어나는 사람은 미친 자로 여겨지며, 더 나아가 그들의 적으로까지 간주되고 있소. 이 속에서 빠져 나오는 것은 쉽지 않은 일이오. 내가 과연 어떻게 롯처럼 맑은 정신을 유지하며, 하나님과의 만남을 지속할 수 있을지 정말로 어렵게 느껴지오.

아브라함의 믿음이 롯을 구원한 것처럼, 나 역시 그 믿음을 본받아야겠다는 생각이 드오. 어떻게 멸망이 닥치기 전에 이 성에 대한 미련을 버릴 수 있을지, 또 뒤를 돌아보지 않고 산으로 도망칠 수 있을지 고민이 깊소. 설사 그럴 각오가 섰다 하더라도, 어떤 방법으로 이곳에서 도망칠 수 있을지, 그리고 어디로 갈지 알 수가 없소. 모든 것을 버리고 도망쳤다 하더라도, 그것이 결국 또 다른 탐욕이라는 우상 앞에 무릎을 꿇는 일이 되지 않겠소.

이 속에서 롯의 교훈은 명확하오. 결국 그는 소알로 도망칠 수밖에 없었고, 생명은 건졌지만 하나님 앞에서는 부끄러운 구원을 얻은 것이오. 그래서 결국 자기의 씨를 이어갈 수밖에 없는 상황이

된 것이오. 이는 인간의 의(義)로는 진정한 생명을 남길 수 없다는 것을 말해주고 있소. 의(義)라는 것은 불의(不義)와 마찬가지로 그 자체로는 완전하지 않으며, 아브라함의 믿음이야말로 멸망으로부터 생명을 구할 수 있었던 원천이었소. 하지만 나는 아직 믿음의 뿌리가 깊지 않은 것 같소. 진정으로 어떻게 믿는 것이 하나님과의 만남인지를 깨닫지 못하고 있소. 오히려 내 마음에는 잘못된 믿음에 대한 두려움과 의혹만이 자리 잡고 있소.

바울은 마음속에 시기, 질투, 의혹이 있다면 그 사람은 이미 사망의 편에 서 있으며, 생명이 없다고 하였소. 생명의 편에 있는 자는 그러한 부정적인 감정들이 아니라 삶과 기쁨, 평화로 가득 차 있다고 하였소. 나는 이 말씀을 나침반 삼아 생명의 문을 찾아가야 할 것 같소. 아직은 내가 장님처럼 무엇을 보지 못하니, 하나님께 간절히 기도드릴 뿐이오. (롯은 적어도 장님은 아니었지 않소?)

너무 내 이야기만 늘어놓은 것 같소. 그곳에서는 어떤 말씀을 가지고 예배를 보았소? 나도 매주 당신과 같은 말씀을 가지고 예배를 드려볼까 하오. 하나님 앞에 우리 모든 식구들을 위해 간절히 기도하겠소. 이만 줄이오.

여섯 번째 편지

당신이 보낸 편지를 잘 받아보았소. 모두 무사하다니 하나님께 감사하오. 아이들을 위해 책을 사준 것도 참 잘한 일 같소. 나는 여전히 학교에 잘 나가고 있고, 자료 수집도 그런대로 잘 진행되고 있소.

오늘 주일(4일)을 맞아 혼자 예배를 드렸소. 출애굽기 2장을 읽었는데, 당신의 편지가 도착하지 않아 내가 말씀을 받아 보았소. 모세가 태어나 광야에 나가기까지의 이야기였소. 그는 하나님의 사람이었지만, 육신을 입고 이 세상에 태어난 인간이었기에 어쩔 수 없이 애굽에서 자라날 수밖에 없었던 것 같소. 그렇지 않았으면, 그는 죽음을 피할 수 없었을 것이오. 우리도 그런 면에서 다를 바가 없소. 모세는 애굽의 모든 학문과 지혜를 익혀 능통하게 되었고, 결국 애굽에서 높은 자리에 오를 수 있었지만, 그는 애굽의 영

화와 권세를 버리고 하나님의 백성과 함께 고난을 택했소. 이 말씀을 보며, 나도 모세처럼 세상의 것들을 초월하고 진정한 길을 선택할 수 있을지 스스로를 돌아보게 되었소.

그가 성장한 후, 모세가 하나님의 사람이라는 것을 알게 된 사람들이 그를 죽이려 했소. 이를 피하기 위해 그는 미디안 광야로 도망쳤고, 그 순간부터 그는 이 세상(애굽)으로부터 객이 되었소. 모세는 두 번 물에서 건짐을 받은 사람이오. 처음은 그가 태어났을 때 바로의 딸에 의해 애굽에서 구원받았고, 이는 세상으로부터의 건짐이었소. 두 번째는 그가 애굽을 떠나 도망하면서 받게 된 건짐이었소. 첫 번째 건짐은 애굽으로 들어가는 것이었으니, 이는 세상의 축복을 받는 것이었고, 두 번째 건짐은 애굽에서 나오는 것으로, 이는 하늘의 축복을 받는 것이었소.

나를 돌이켜보면, 첫 번째 축복, 즉 세상의 축복은 남달리 많이 받은 것 같소. 하지만 이것이 나의 의지나 능력에 의해 주어진 것이 아님을 절감하오. 이것은 모세처럼 하나님의 의지에 달린 것이었소. 그러나 두 번째 축복, 즉 하늘의 축복은 아직 내 마음 깊은 곳에서도 찾아볼 수 없소. 모세는 애굽 사람을 죽였기 때문에 도망칠 수 있었소. 그는 애굽의 영화보다 하나님의 사람으로 사는 것을 더 사모했기 때문에 그 결단이 가능했던 것 같소. 그러나 그가 시도했던 방법, 즉 애굽(세상)에서 평화를 유지하기 위해 재판관이 되려 했던 것은 무참히 묵살되었소. 그리하여 그는 우물 곁에서 미디안 제사장을 만나게 되었고, 이를 통해 진정으로 광야로 나아가 세상에서는 이방인, 즉 객으로서의 삶을 살 수 있게 되었소.

모세가 이 40년의 광야 생활에서 얻은 열매가 바로 '게르솜'(객)이었던 것이오. 그는 애굽에서 가져온 모든 것을 하나님을 위해 버렸소. 마치 바울이 자신의 모든 것을 오물로 여긴 것처럼, 모세도 세상 것을 내려놓았을 때, 홀연히 호렙산에서 하나님과 만날 수 있었던 것이오. 그 후에야 비로소 모세는 진정한 재판관, 아니 선지자가 될 수 있었소. 그렇다면 나는 어떻게 애굽으로부터 도망칠 수 있는 계기를 마련할 수 있을지 막막하기만 하오. 모세는 하나님의 사람, 즉 히브리인을 너무나도 사모했기에 애굽 사람을 죽일 수 있었소. 그것은 그의 의지에서 비롯된 것이오. 두 번째 축복, 즉 하늘의 축복은 결국 개인의 의지에 달린 것 같소. 모세는 바로의 딸의 아들로서 얼마든지 세상의 영광을 누릴 수 있었소. 사실 우리 모두는 그렇게 살고 있지 않소? 이 세상에서 어떻게 빠져나갈 수 있단 말이오.

지금 나에게 가장 필요한 것은 바로 믿음인 것 같소. 모세는 하나님에 대한 믿음으로 인해 세상으로부터 도망칠 수 있었고, 객으로 살아갈 수 있었소. 그 믿음 덕분에 그는 다시 세상으로 돌아와 바로와 대면할 수 있었고, 결국 그를 이길 수 있었던 것이오.

하나님께 모세와 같은 믿음과 하나님을 향한 간절한 사모함을 나에게 주시기를 오직 기도할 따름이오. 먼저 나에게 믿음을 주시고, 사모하는 마음을 주시며, 그리하여 세상을 버릴 수 있는 용기를 주시기를 간절히 기도드리오. 모세가 걸어간 그 길만이 나를 살리고, 또한 이웃을 살릴 수 있는 길임을 믿으며, 그 길을 잃지 않도록 항상 기도할 수 있는 힘을 나에게 주시기를 기도드리오. 당신도 나를 위해 함께 기도해 주기를 바라오.

여기까지가 내가 이해한 출애굽기 2장 말씀이었소. 혹시 내가 잘못 이해한 대목이 있다면 지적해주기 바라오. 특히 내가 가야 할 길에 대해 당신의 생각도 듣고 싶소. 요즘 그곳 날씨는 매우 쌀쌀하리라 생각되니 몸조심하고 아이들을 잘 돌봐주기 바라오. 누님이나 형님께도 안부를 전해주고, 특별한 일이 있으면 즉시 연락주기 바라오. 하나님의 뜻에 합당하게 우리가 아는 모든 식구들을 지켜주시기를 손을 모아 기도드리오.

일곱 번째 편지

　이번 주에는 당신의 편지를 하루 이틀 걸러 세 통(6, 7, 8편지)이나 받아, 같이 있는 사람들이 나이 50에도 부인과 연애하느냐며 놀리더군. 나는 매일 학교에 잘 나가고 있소. 자료를 수집하고 그것을 읽느라 열중하고 있소.

　오늘(12일) 주일을 맞아 신명기 8장 말씀을 가지고 혼자 예배를 보았소. 창세기부터 매일 성경을 읽기 시작해서 요즘은 신명기를 읽고 있소. 모세가 약속의 땅 가나안을 눈앞에 두고 자기 백성에게 맹세케 한 율법서와, 이스라엘 백성이 40년 동안 광야에서 무엇을 연단 받았는가 등이 나와 있소. 그들은 광야에서 낮아짐을 연단 받았소. 그 과정에서 하나님께서 하늘의 말씀, 만나를 주셨소. 그들은 배를 채우기 위해 그 만나를 먹을 수밖에 없는 상황이었소. 만일 다른 선택이 있었다면 아마 그들은 만나는 거들떠보지 않았을 것이오. 사실 그들은 만나 대신 고기를 달라고 졸랐지 않소. 그러나 광야에서는 그것밖에 없었소. 우리 역시 만나를 먹기 위해서는 먼저 광야로 나아가야 하오.

만나는 하늘에서 주는 음식이므로 인간의 노력이나 능력으로 얻을 수 없는 것이오. 따라서 인간의 능력이나 의로움을 자랑할 수 없소. 어떤 사람은 더 많이 거두었지만 결국 다 썩어버렸소. 예수님도 광야에서 첫 번째 시험을 받으셨을 때, 돌로 떡을 만드는 유혹을 받았잖소. 만일 그것을 보이기 위해 만들었다면, 그 즉시 교만이라는 마귀가 들어섰을 것이오. 자신이 능력을 발휘했다고 생각하는 순간, "나의 것"이라는 생각이 자연스럽게 들지 않겠소?

그때 나는 이 세상에서 '객'이 될 수 없는 것이오. 그래서 예수님은 신명기 8장 3절 말씀으로 응대하셨소. 떡은 인간의 '나의 것', 즉 인간의 능력으로 만드는 것이오. 이 시대를 사는 우리는 인간의 힘으로 안 되는 것이 없다고 자만하고 있지 않소? 지금은 안 됐다 하더라도, 언젠가는 인간이 모든 것을 이룰 수 있다고 믿고 있지 않소. 그러면서 인간의 소유는 끝없이 늘어나고, 그 소유물이 우리의 우상이 되어, 그 앞에 몸과 마음을 바쳐 섬기고 있는 것이오.

이렇게 소유에 집착하고 탐욕에 물든 인간을 하나님은 광야로 끌어내어 연단하시는 것이오. 광야로 나오지 않으면, 세상에는 먹

을 것이 넘쳐나 만나는 거들떠보지도 않기 때문이오. 광야에서의 만나는 인간이 스스로의 능력으로는 도달할 수 없는 것임을 깨닫게 하며, 그 연단을 통해 하나님은 약속의 땅을 기업으로 받을 준비를 시키는 것이오.

그러나 모세는 다시 그들을 향해 율법을 맹세케 하고 있소. 왜 광야를 통과해 시험에 합격한 이들에게 다시 율법을 강조했을까? 나도 그 이유를 명확히 알지 못하겠소. 그러나 내 마음에는 "선 줄로 아는 그 순간에 떨어진다"는 말씀이 떠오르오. 신명기 8장 14절 말씀처럼, 가나안에서 소유가 풍부해지면 "두렵건대 네 마음이 교만하여 네 하나님 여호와를 잊어버릴까 하노라"는 바로 그 말씀이요. 이렇게 되면 이미 가나안은 애굽보다 더 무서운 바벨론으로 변하는 것이오. 결국, 더 강대한 나라에 가서 종노릇하는 꼴이 되는 것이오.

애굽은 사람들이 떡을 찾아 스스로 그 길을 선택하지만, 바벨론은 열강의 힘에 의해 강제로 포로로 끌려간 것이오. 그런데 모세의 율법이 결국 예언이 되어 현실이 되었고, 예레미야는 그 슬픔에 통곡하였으며, 다니엘은 깊은 회개를 통해 하나님의 뜻을 구했소. 포로로 끌려간 다니엘이 광야의 심정으로 회개하며 소망을 가질 때, 예레미야의 예언을 통해 하나님의 약속을 들었소(다니엘 9장). 나도 바벨론의 포로가 된 듯한 심정이 드오. 그래서 그런지 다니엘 9장이 마음에 깊이 와 닿소.

이곳이 바벨론보다 더 큰 섬처럼 느껴져 다니엘서 9장 마지막 부분에 나오는 "멸망의 가증한 것이 서지 못할 곳에 선 것을 보거든" 하는 말씀이 이 땅에 해당하는 것인지 모르겠소. 다니엘은 그의 간절한 회개 기도를 통해 예레미야의 책을 읽고 깨달음을 얻었지만, 나는 여전히 막막하기만 하오. 예수님께서 지금도 우리를 보고 계시며, 그 때가 임박했을 때 산으로 피하라고 기도하고 계시는 줄 믿소.

교회 식구들의 믿음과 소망을 하나님께 간절히 기도드리며 이만 줄이오.

여덟 번째 편지

지난 주말 아저씨 댁에 다녀오는 바람에 토요일에 미리 혼자 예배를 보았소. 그날 말씀은 창세기 28장을 가지고 보았는데, 야곱이 형 에서의 위협을 피해 밧단아람으로 가는 장면이오. 왜 이렇게 자꾸 광야로 도망가는 이야기를 말씀으로 받는지 모르겠소. 지난주에는 모세의 도망 이야기였지 않소? 야곱 역시 외삼촌 라반의 집에서 열두 자식을 낳고 열매를 맺은 후 본향으로 돌아오는 모습을 보면, 하나님께서 유업으로 주신 땅에 들어가기 전에 먼저 광야에서 시련을 겪고, 그곳에서 아내를 얻어 열매를 맺은 후 다시 돌아오는 패턴이 모세와 닮아 있는 것 같소.

야곱의 어머니 리브가는 그가 가나안에서 현지 여인과 결혼하는 것을 원치 않았소. 오히려 그를 부모 곁에서 떠나 광야로 보내어, 그곳에서 아내를 구하게 하길 바랐소. 그런데 여기서 말하는 광야

는 당시 세상적으로 가장 문명과 문화가 발달된 메소포타미아였소. 그곳은 바로 아브라함의 고향이기도 하오. 리브가는 야곱이 그곳에서 자식을 낳고 다시 가나안으로 돌아와 하나님을 경외하며 살기를 원했소.

야곱은 하나님에 대한 열정과 소망이 그 누구보다 강했던 사람인 것 같소. 하나님과 가까이하기 위해 그는 어떤 희생도 기꺼이 감수한 사람이었소. 하나님의 뜻을 따르기 위해 세상적인 규율을 어기고, 형을 속이는 일까지도 감행했소. 그 결과로 세상에서는 많은 박해를 받았고, 돌베개를 베고 잠을 자는 고생을 하며, 고난의 길을 걸었소.

이와 같은 열성으로 인해, 야곱은 결국 하늘문이라 불리는 벧엘에까지 이르게 되었소. 그는 하늘의 사자로부터 '이스라엘'이라는 이름을 받으며, 하나님과 대면하여 생명을 보존할 수 있었소. 야곱은 벧엘에서 여러 가지 소원을 했소. 그가 가는 길, 즉 메소포타미아에서 하나님이 자신을 지켜 주시기를 간절히 구했고, 여호와께서 그의 하나님이 되시며, 그가 베고 잔 하찮은 하나의 돌이 하나님의 전으로 변하게 될 것이라 소원했소. 또한 그는 십일조의 삶을 서원하며 하나님과의 관계를 더욱 공고히 하려 했소.

야곱은 하란의 우물가에서 아내를 맞이하고, 세상적 광야에서의 삶을 시작하게 되었소. 그 광야 생활에서 그는 열두 가지의 열매, 즉 열두 아들을 얻게 되었소. 이 말씀이 나에게 어떤 삶의 방향을 요구하는지는 아직 정확히 알 수 없지만, 이런 말씀들이 나의 앞길을 가리키고 있다는 것만은 분명한 것 같소. 혹시 내가 잘못 이해한 부분이 있다면 지적해주길 바라오.

한 가지 이상한 일이 있는데, 하숙집에서 일하는 아줌마(나이가 많고 교회의 집사라고 하오)가 나를 자꾸 장로님이라고 부르오. 아니라고 하니, 자기도 그럴 줄 알면서도 자꾸 그렇게 부르게 된다고 하오. 그래서 내가 아니라고, 교수라고 부르라고 고쳐주고 있소. 나도 모르겠소, 내 얼굴이나 표정에서 이상하게 장로 냄새가 나는 건 아닌지.

오늘은 이만 줄이겠소. 우리가 아는 모든 식구들에게 내가 그들을 위해 매일 기도하고 있다고 전해주길 바라오. 당신의 건강을 하나님께 기도드리오.

아홉 번째 편지

　이렇게 편지를 쓰려고 앉아보니 그곳에 있는 모든 사람들이 하나 둘 떠오르오. 교회 식구들, 우리 친척들, 그리고 학교 동료들까지도 말이오. 그동안 우리는 너무나 우리 자신을 내세우는 자세로 그들을 대했던 것 같소. 이제는 우리를 앞세우기보다는 그들이 어디가 아픈지를 그들의 입장에서 이해하고 수용하는 자세를 배워야 할 것 같소. 나를 내려놓는 훈련은 바로 거기서부터 시작되어야 하오.

　우리가 그들에게 무엇을 주려고 할 때, 그것이 때로는 우리의 주장으로 비춰질 수 있다는 것을 이제서야 깨닫게 되었소. 우리가 그들에게 진정으로 줄 수 있는 것이 무엇이겠소? 오히려 우리는 그들로부터 많은 것을 받고 있는 것이오. 그들이 주는 것이, 비록 그들의 아픔일지라도 그것을 "받아들일 수 있는" 우리가 되어야 하겠소. 감사하는 마음으로 그들의 마음을 받아들여야 하오.

오늘 주일(25일)을 맞아 출애굽기 5장 말씀을 가지고 홀로 예배를 보았소. 하지만 이 말씀이 나에게는 참으로 어려웠소. 이 장면은 하나님의 백성이 바로의 밑에서 종살이를 하며 고통받는 모습을 하나님께서 가엽게 여기시고, 그들을 다시 하나님의 백성으로 부르시는 첫 장면이오. 바로가 하나님의 백성에게 시킨 일은 '벽돌'을 만드는 것이었소. 여기서 말하는 벽돌은 인간이 만든 '인공의 돌'이오. 바로는 이 벽돌을 이용해 자기의 전을 세우려고 하였소.

애굽은 하나님이 주신 '하늘의 돌', 야곱이 베고 자던 그 돌로 하나님의 전을 만들었소. 하지만 바벨탑은 사람의 손으로 만든 벽돌로 지었소. 바벨탑 사건에서 인간은 자기 능력과 의(義)를 앞세워 하늘에까지 높아지려고 했고, 하늘에 들어가려 했소.

나는 여기서 권사님이 나에게 하셨던 '인왕주의(人王主義)'와 '신왕주의(神王主義)'에 대한 말씀이 떠올랐소. 인간이 자기 힘으로 세상을 다스리려는 인왕주의는 결국 바벨탑과 같은 교만의 상징이오. 반면에 하나님께 의지하는 신왕주의는 하늘의 뜻을 따르는 겸손한 길이오.

인간 중 믿지 않는 자들은 인간의 능력만으로 하늘까지 오를 수 있다고 생각하며, 믿는 자들 중에도 자신의 의로 하늘에 들어갈 수 있다고 생각하는 것이 바로 인본주의가 아니겠소. 인본주의에 매여 있는 한, 우리는 바로의 백성으로부터 해방될 수 없는 것 같소. 왜냐하면 인본주의는 바로 벽돌로 대표되기 때문이오.

벽돌이 무엇이오? 흙(육)에 물(말씀)을 섞어 빚은 것이 아니겠소. 그리하여 짚을 때어 물을 다 말려버린 것이오. 벽돌에는 물(말씀)은 한 점도 남지 않았소. 물론 처음 빚을 때는 물(말씀)이 있어 네모 반듯하게 만들어져 겉으로는 화려해 보이기 마련이오. 거기다 무늬까지 입히면 더할 나위 없이 화려해지오. 돌보다 백 배나 좋을 수 있소.

그러나 이렇게 짚을 때어 물이 한 점도 없게 된 흙은 본래의 흙보다 더 단단하고 강박해져서, 결국 바로(짚을 주는 우상)의 전을 짓는 데 사용되었소. 짚이 무엇이오?

지프라기와 같은 종이나 부랭이인 돈, 즉 물질이 짚이오. 불에 타버리면 재만 남는 허망한 것이오. 이 짚 때문에 벽돌이 탄생하였소. 벽돌은 본래의 흙과 달리 이미 물, 즉 말씀이 스며들 수가 없소. 짚은 물을 말리면서 벽돌을 단단하게 만드는 역할을 하오. 이것이 바로 인본주의로 대표되는 바벨탑이 아니겠소.

바로는 자기의 전을 짓기 위해 원래 하나님의 백성이었던 이들에게 짚을 주어 벽돌을 만들게 시켰소. 더 안타까운 것은, 하나님의 백성들이 이 벽돌을 만드는 일이 자신들이 살 수 있는 유일한 길이라고 믿었다는 것이오.

우리는 지금 어떤 상태에 놓여 있소? 혹시 하나님의 백성으로 뽑히기 위해 자기의 의(義)를 쌓고 있지는 않소? 권사님께서 나에게 인본주의의 위험을 경고하셨던 것이 생각나는구려.

지금 내가 어디에 있는지, 그리고 어디로 가고 있는지 두려운 생각이 듭니다. 혹시 내가 바로의 종살이를 하며 벽돌을 만들고 있지 않나 하는 생각이 드오. 이곳에서 하나님의 선지자와 모세가 나타나, 오직 하나님께만 희생을 드리는 곳으로 이 백성을 이끌려 하고 있소. 우리는 이 소리를 들어야 하오. 하지만 이것은 바로에게 미움을 사는 일이오. 그래서 이제는 짚도 주지 않고 벽돌을 만들게 하였소.

결국 하나님의 백성들은 할 수 없이 곡초 그루터기마저도 벽돌을 만드는 데에 희생하고 있소. 그루터기는 비록 알곡은 없지만, 하나님의 백성으로서 말씀의 근원과 같은 것이오. 그러나 그루터기마저도 종살이의 재료로 희생하며 살아가고 있소. 이들에게는 그것이 곧 생명이라고 여기고 있소. 이 상황에서 우리는 어디로 가야 할지 고민이 깊소.

거기서 끊어지는 것이 곧 죽음이라고 믿었기에, 더욱 부지런히, 온 힘을 다해 벽돌을 만드는 일에 매달릴 수밖에 없었던 것이오.

모든 하나님의 백성의 지도자들, 패장들조차도 그것이야말로 여호와 하나님의 뜻을 따르는 것이라고 믿었소. 바로에게 미움을 받지 않으려는 그 생각 말이오. 그러나 바로에게 미운 물건이 되는 바로 그것이야말로, 이제 바로의 속박에서 벗어나 하나님의 백성이 되는 길이라는 것을 그들은 알지 못했소.

모세는 이들을 위해 하나님께 기도하고 있소. 지금 우리는 어디에 있소? 이곳 미국은 벽돌을 만들기 위해 얼마나 바쁘게 돌아가는지 알 수 없소. 그래도 사람들은 "게으르다", "게으르다" 하며 더욱 채찍을 들고 독촉하고 있소. 모세의 기도가 절실히 필요한 것 같소.

혹시 내가 잘못 깨달은 부분이 있으면 당신이 지적해 주기 바라오. 나는 건강하게 잘 지내고 있소. 매일 학교에 나가 명상에 잠기거나 자료를 정리하며 시간을 보내고 있소. 그럼 우리 가족 모두의 건강을 하나님께 기도드리며 이만 줄이겠소.

열 번째 편지

　오늘(11월 2일) 주일 아침, 혼자 예배를 보려 했으나 집중이 잘 되지 않았소. 한참 성경을 뒤지다가 창세기 3장을 가지고 예배를 드렸소. 이 장의 말씀은 인간이 어떻게 타락하게 되었는지를 다루고 있기에 그 주제를 가지고 묵상했소. 여기서 나는 '뱀'이 무엇을 상징하는지, '마귀'가 무엇인지에 대해 생각해 보았소.

　아담은 흙으로 지음을 받았고, 그에게 생기가 불어넣어졌소. 요한복음 8장 23절 말씀, "너희는 아래에서 났고 나는 위에서 났으며 너희는 이 세상에 속하였고 나는 이 세상에 속하지 아니하였느니라"는 말씀처럼, 육(肉)은 '아래'에서, 영(靈)은 '위'에서 왔소. 이는 인간이 육과 영으로 이루어진 존재임을 의미하는 것 같소. '아래'와 '위'는 인간이 창조되기 위해 반드시 필요한 요소들이오. 지음을 받은 것, 즉 육체와 그것을 창조한 영혼이 함께 있어야 인간이 완성

되는 것이오.

이것을 묵상하면서, 인간의 타락이라는 주제가 단순히 육체적인 것만이 아니라, 영적인 본질과의 관계에서 발생한 것이라는 생각이 들었소.

예수님께서 유대인들을 보고 "너희는 아래에서 났고 마귀의 자식"이라고 하신 말씀은 그들이 육(肉)에 속했을 뿐, 영(靈)을 소유하지 못했다는 뜻이오. 뱀은 가장 "아래"에서 사는 생물로, 흙(즉, 육체)을 먹는 짐승이오. 뱀의 먹이는 인간의 육적인 행위, 즉 죄(罪)에서 나오는 것이오. 로마서 7장 19절에서 "내가 원하는 바 선은 행하지 아니하고 도리어 원하지 아니하는바 악을 행하는 도다."라고 했소. 바울은 인간의 육의 행위가 곧 죄라는 것을 분명히 하고 있소.

뱀은 하와로 하여금 자신의 먹이를 얻기 위해 육적인 행위를 하게끔 유혹하였소. 이 육의 행위는 바로 선악을 스스로 판단하려는 인간의 행위였소. 그래서 하와가 선악과를 먹게 된 것이오. 바울은 로마서 7장 7절에서 이를 강조하고 있소. 율법을 통해 죄를 알게 되었듯이, 선악을 구분하려는 인간의 행위가 곧 죄를 낳는 원인이 되었다는 것을 설명하였소.

결국, 율법이 죄를 드러내고, 인간의 본성이 죄로 인해 뱀, 즉 마귀의 먹이가 되는 것이오.

선악을 판단하는 율법이 결국 나를 죄 속에 가두어 죄에 종노릇 하게 만들고, 그 결과로 나는 흙의 결합체인 뱀의 먹이가 된 것이오. 여기서 뱀은 곧 마귀를 의미하는 것이오. 마귀는 무엇이겠소? 바로 내 속에 자리 잡고 있는 각양 탐심, 즉 죄의 법인 것이오. 마태복음 10장 16절에서 "내가 너희를 보냄이 양을 이리 가운데로 보냄과 같도다. 그러므로 너희는 뱀 같이 지혜롭고 비둘기 같이 순결하라."고 언급한 "뱀 같은 지혜"는, 뱀이 선악을 판단하는 지혜를 상징한다는 것이오. 이 지혜로 인해 인간은 죄를 알게 되었고, 죄는 기회를 보아 인간 속에서 탐심을 낳게 한 것이오.

결국, 이 지혜로 인해 인간은 죄를 깨닫고 그 탐심에 사로잡혀 죄의 굴레에 빠지게 되었소.

아담과 하와가 선악과를 먹고 나서 자신들이 벗은 것을 깨닫고 부끄러워 나뭇잎으로 임시로 자신을 가렸소. 이것은 하나님이 주신 것이 아닌, 인간이 스스로 만든 의(義), 즉 인간의 불완전한 노력이오. 그러나 하나님은 그들을 위해 율법을 상징하는 가죽 옷을 입히셨소. 이는 인간이 선악을 알게 된 이후, 영원히 지녀야 할 율법의 짐을 의미하는 것이오.

그렇게 인간은 영원히 죄와 싸우며 살아가야 하는 존재가 되었소. 여자는 뱀과 원수가 되어 더욱 많은 율법에 종속되었고, 남자는 종신토록 땅을 갈아 율법을 만들며 생계를 이어가야 하는 운명이 되었소. 그러나 결국 인간은 흙으로 돌아가게 되었소. 이것은 죄의 법이 결국 사망에 이른다는 것을 상징하는 것이오.

예수님께서 요한복음 8장 24절에서 "너희가 너희 죄 가운데서 죽으리라" 하신 말씀은, 인간이 죄의 법에 사로잡혀 있는 한 영원히 사망에 이를 수밖에 없다는 경고였소. 죄에서 벗어나지 않으면 영원한 생명을 얻지 못한다는 뜻이오.

우리가 이 사망의 몸에서 어떻게 건짐을 받을 수 있을지, 그것이 바로 생명나무의 열매를 어떻게 먹을 수 있는지 나는 여전히 갈증만 느끼고 있소. 당신이 기도해주길 바라오. 어린아이들이 천국을 소유한다는 말씀이 지금 내게 깊이 와닿고 있소. 아마도 그들의 순수함과 온전한 믿음 때문일 것이오.

육신적으로는 별 문제 없이 지내고 있소. 학교 생활도 무난히 이어지고 있소. 다음 주면 한 학기가 끝나는데, 그래서 잠시 쉴 수 있을 것 같소. 하지만 내 계획은 계속 도서관에 나가 자료를 정리하고 공부하는 것이오. 다른 큰 불편함은 없소. 여기 LA는 크리스마스 준비가 벌써 다 되어 마치 축제 같은 분위기가 가득하오.

당신도 여러 가지로 고민이 많아 보이는데, 우리 함께 참고 인내하면서 믿음으로 구하고 기도하며 나아가 봅시다. 내가 주일마다 꼭 한 번씩 편지를 보낼 테니, 편지가 제 날짜에 도착하지 않아도 너무 걱정하지 않길 바라오. 당신과 아이들을 하나님께 맡기며 이만 줄이오.

열한 번째 편지

　당신의 11번째 편지를 보니 고생이 많은 것 같소. 겨울 준비는 다 했는지 궁금하오. 김장을 담그는 모습이 눈앞에 그려지오. 올겨울에는 집이 새지 않아야 할 텐데 그것도 걱정이 되오. 사람이 육신을 가지고 태어난 이상, 세상에 대한 걱정과 근심을 완전히 끊기는 어려운 일인 것 같소. 하지만, 그것을 극복하기 위해서는 회피하지 않고 오히려 직면하여 그 허망함을 깨닫는 것이 중요하오.

　육적으로 부유할 때 오히려 그 부요함이 얼마나 헛된 것인지를 깨달을 기회가 적은 것 같소. 그런데도 우리는 육적인 풍요를 마치 하나님의 축복이라 여겨, 그 부요함이 채워질 때 마치 기도가 응답된 것처럼 생각하오. 그러다 보면 하나님을 방편으로 삼아 세상에서의 부유함만을 추구하게 되오. 결국 세상에서 헤매다가야 헛됨을 깨닫게 되는 것 같소.

우리는 육적인 풍요나 세상의 부요함이 기도의 진정한 응답이 아님을 알아야 할 것 같소.

따라서 세상의 부요함을 하나님께서 주신 축복으로만 간주하는 것은, 하나님 보시기에는 가증한 일이오. 하나님이 사랑하는 자에게는 때로 채찍을 주어 세상 시련에 빠지게 하시는데, 육적으로 가난하게 하든지 부요하게 하든지 그것이 시련인 것이오. 특히 육적으로 부요한 것이 더 큰 시련일 수 있는 이유는, 많은 이들이 그것을 하나님이 주신 축복이라 착각하기 때문이오.

우리는 그 시련을 직면하고, 그 허망함을 깨닫는 과정을 통해 비로소 육과 세상에서 자유로워질 수 있소. 하나님께서 주시는 시련은 결국 우리가 육에서 벗어나고, 세상의 굴레로부터 자유함을 얻을 수 있는 기회로 받아들여야 할 것이오.

오늘 주일(9일)을 맞아 레위기 25장을 가지고 예배를 보았소. 이 장의 주제는 땅의 안식에 대한 약속이오. 그러나 안식이라는 개념에 대해 나는 아직 온전히 이해하지 못하고 있소. 그래서 이 장의 내용이 유독 어렵게 느껴지오.

아담의 원죄 이후, 인간은 흙(육)을 갈아야만 그 소산(생명)을 얻게 되었소. 물론 하늘에서 내리는 비(말씀)가 없으면 아무리 땅을 경작해도 열매를 얻을 수 없소. 이렇게 얻은 열매가 육신의 생명을 유지하는 것이오. 우리가 육신을 입고 있는 한, 열매를 얻지 못하면 결국 사망에 이르게 되며, 그 열매를 얻기 위해서는 끊임없이 흙을 갈고 나서 비를 기다려야 하오.

그러나 육은 결국 육일 뿐이오, 육의 생명으로 얻은 열매가 영의 생명을 보장하는 것은 아니오. 물론 육도 하나님이 주신 것이며, 하나님의 소유로서 하나님의 전이기도 하오. 하지만 그것만이 전부일 수는 없소. 세상적으로 우리의 육신을 부요하게 하는 것처럼, 율법으로 육(땅)을 다스려 많은 열매를 맺는 것이 전부일 수는 없소.

그래서 하나님은 육년 동안 땅을 경작하게 하시고, 일 년은 땅을 쉬게 하여 안식할 것을 명하셨소. 이는 땅에게 안식을 허락하기 위함이었소. 땅이 쉴 때, 하늘이 일을 하게 되오. 이로써 육의 율법에서 벗어나 자유함을 얻을 수 있음을 깨닫게 되는 것이오.

예수님이 "인자도 안식일의 주인"이라고 말씀하신 것은, 바로 이 점을 웅변적으로 설명하신 것이오. 하늘의 일은 우리가 땅에 대한 집착에서 벗어날 때 시작되는 것이오. 땅으로 돌아가는 육신은 죄의 법에 얽매여 있고, 죄의 법은 율법에서 비롯된 것이오. 율법은 우리가 흙으로 지음을 받았기 때문에 우리에게 주어진 것이오. 우리가 율법의 열매에만 집착하는 한, 우리는 죄의 법에서 자유로

워질 수 없는 것이오.

하나님은 아담에게는 종신토록 흙을 갈게 하셨지만, 믿음의 자녀들에게는 안식일을 주셔서 쉼을 주셨소. 더 나아가, 일곱 번의 안식 후에는 종이 되었던 "땅"에서 영원한 자유를 얻을 수 있도록 하셨소. 그러나 인간은 땅의 소산, 즉 율법의 행위만이 생명을 유지하는 유일한 길이라고 믿고 안식일을 어기거나, 안식일을 또 다른 율법으로 받아들여 육신을 다스리는 법으로 삼았던 것이오.

그러나 하나님은 우리에게 안식 후에도 육의 열매를 풍족하게 주실 것을 약속하셨소. 오히려 갈지 않은 땅에서 더 풍성한 의로움이 나오게 하셨던 것이오. 그들의 의로움은 그들이 경작한 토지의 소산이 자신의 것이 아님을 아는 데에서 비롯되오. 자신을 나그네로 여기고, 하나님이 함께하는 자임을 깨닫는 것이오. 또한 우리는 피조물로서 이 땅에서 종노릇하는 기간이 희년까지이며, 그 이후에는 우리가 자유함을 얻는 자임을 아는 것이오.

반면, 이를 믿지 못할 때 우리는 토지를 넓히려 하고 성곽을 높이 쌓으며, 심지어 하나님의 전(인간)마저도 자신의 소유로 여기는 결과를 초래하게 되는 것 같소. 우리 모두가 사실 이런 줄도 모르고 살아가고 있지나 않은지 두렵소. 그럴 때 하나님은 레위기에 기록된 모든 징계를 시작하시는 것 같소. 그것은 땅의 안식을 얻으시기 위하여 행하시는 것이오.

그럼 이만 줄이겠소. 모두가 주 안에서 서로 교통하기를 빌겠소.

열두 번째 편지

나는 위선자인가 보오. 당신의 13번째 편지에서 상훈이의 다리가 1cm 정도 짧아졌다는 소식을 듣고 큰 충격을 받아, 일주일 동안 멍하니 지내며 마음속에 증오가 가득했소. 이제 보니 그게 무슨 소용이 있겠나 싶어 스스로 달래 보았지만, 여전히 마음을 추스르기가 어려웠소. 상훈이를 그렇게 만든 당신의 믿음과, 그 믿음을 갖게 만든 환경을 조성한 나에 대한 회환과 자책 속에서 지내왔소. 한편으로는 당신의 그 믿음이 정말 옳은 것이 아닌가, 내가 잘못 믿고 있는 것이 아닌가 하는 의구심도 떠오르면서 혼란스러웠소. 그런 상태에서 우리를 믿고 따르는 사람들에게 설교까지 한 나는 과연 얼굴을 들 수 있을지, 스스로가 위선자가 아닌가 하는 생각이 들었소.

이런 생각들이 마음속에서 떠나질 않소.

내가 하나님 앞에 너무나 큰 죄를 지었구나 하는 두려움으로 마음이 변하였소. 내가 미국으로 오게 된 것에는 설교를 하지 않겠다는 의지도 포함되어 있었다는 것을 당신도 짐작했을 것이라 믿소. 또한, 당신에게 보내는 이 편지에 성경 내용을 담는 것에 대해 회의감을 느낀 것도 같은 이유에서였소. 나는 그런 일을 감당할 만한 그릇이 못 된다고 생각하기 때문이오.

나는 아직도 갈피를 잡을 수 없소. 지금 와서 한 가지 분명한 것은, 내가 당신의 행동을 사랑으로 이해하려 하지 않았기 때문에 당신도 그 문제를 사랑으로 받아들일 수 없었던 것 같소. 우리 사이에는 오직 의와 불의, 옳고 그름만이 존재했던 것 같소. 그 희생이 상훈이었던 것이오. 어떻게 믿어야 하나님과 올바른 관계를 가질 수 있을지, 나는 여전히 혼란스럽소. 무조건 권사님과 그 노선을 따라야 하는 것인지 고민이오. 그러나 이 세상에는 사교(邪敎)를 믿는 사람들도 많은데, 그들이 우리보다 믿음이 부족해서 그렇게 된 것인가 하는 의문도 생기오.

믿음에 대한 나의 고민은 끝이 없소.

산을 옮길 만한 믿음이 있어도 사랑이 없으면 아무것도 아니라는 바울의 말씀이 떠오르오. 우리가 권사님을 믿음으로 무엇을 얻으려 했던가, 또 권사님을 불신함으로 무엇을 잃지 않으려 했던가.

그와 같은 행위 속에 과연 공의가 있었던가. 믿는 자는 믿지 않는 자를 배척하고 이단시하며, 믿지 않는 자는 믿는 자를 질시하고 증오하는 것 외에 무엇이 있었던가. 서로가 서로를 주장하며, 자신이 믿는 바를 따르지 않으면 불의한 자요, 광신에 빠진 자라 하면서 서로 물고 뜯는 것 외에 무엇을 하였단 말인가.

우리가 공의로서 나쁜 것은 스스로 떠안고, 좋은 것은 상대방에게 주려는 자세가 조금이라도 있었던가. 상대방의 죄를 비방하기 전에, 그 죄를 짊어짐으로써 자신을 대속물로 바칠 수 있었던가. 죄 많은 이웃 속에서 나만 건짐을 받았다는 안도감으로 스스로 위로하며, 이웃의 고통을 외면한 채 자신의 의를 쌓는 데에만 바빴던 것은 아니었는가.

이러한 질문들이 마음을 무겁게 하오.

예수님이 공의로 오셨다는 권사님의 말씀이 떠오르오. 또한 권사님께서 죄 많은 사람을 위해 기도하면 본인이 아프시다는 말씀도 하셨소. 나나 당신이나 권사님으로부터 배웠어야 할 가장 귀중한 보석은 바로 공의였던 것 같소. 평생을 이웃을 위해 기도하고, 그 기도로 인해 몸소 고통을 겪으신 삶, 그 자체가 의가 아니겠소.

의가 무엇이오? 하나님의 율법을 잘 지키는 것이 의요. 그런데 율법이 무엇이오? 그것은 인간의 탐욕을 제어하는 방편이 아니겠소. 그렇다면 하나님께서 왜 인간의 탐욕을 제어하게 하셨겠소? 공의를 실현하기 위해서, 즉 자신이 나쁜 것을 감당하고 이웃에게 좋은 것을 주기 위해서가 아니겠소. 결국, 하나님께서는 우리가 이웃을 사랑하게 하시려고 그렇게 하신 것이오.

하지만 우리는 그 본질을 잊어버리고 이번 생뿐만 아니라 다음 생까지도 탐욕을 채우려 하고 있지 않소. 나만의 천국을 꿈꾸며 말이오.

오늘(16일) 주일을 맞아 룻기(1~4장)를 가지고 예배를 드렸소. 며칠 전 성경 읽는 진도에 따라 룻기를 읽었는데, 이상하게도 룻이 시어머니 나오미를 따라 베들레헴으로 가는 대목에서 눈물이 나더이다. 그래서 이번 주일예배로 그 본문을 선택했소. 기도 중에 '나그네'가 권사님이라는 말씀을 받았소. 처음에는 무슨 뜻인지 몰라 혼자 성경을 읽으며 기도하는데, 나오미가 권사님이라는 말씀을 분명히 받았소. 그래서 다시 룻기를 읽어 보았지만, 아직도 확실히 깨달은 바는 적소. 하지만 내 마음은 당신과 교회의 그릇들에게 주시는 말씀이라는 강한 확신을 가지고 있소.

그러니 당신도 룻기를 깊이 음미해 주길 바라오. 그리고 서울, 대구, 부산에 계신 권사님을 따르던 식구들에게도 이 말씀을 전해 주길 바라오.

예배 중에 또 한 번 눈물이 나왔소. 이번에는 룻기 2장 10~13절이었소:

"룻이 엎드려 얼굴을 땅에 대고 절하며 그에게 이르되, '나는 이방 여인이거늘 당신이 어찌하여 내게 은혜를 베푸시며 나를 돌보시나이까?' 하니, 보아스가 그에게 대답하여 이르되, '네 남편이 죽은 후로 네가 시어머니에게 행한 모든 것과 네 부모와 고국을 떠나 전에 알지 못하던 백성에게로 온 일이 내게 분명히 알려졌느니라. 여호와께서 네가 행한 일에 보답하시기를 원하며, 이스라엘의 하나님 여호와께서 그의 날개 아래에 보호를 받으러 온 네게 온전한 상 주시기를 원하노라.' 하는지라, 룻이 이르되, '내 주여, 내가 당신께 은혜 입기를 원하나이다. 나는 당신의 하녀 중의 하나와도 같지 못하오나, 당신이 이 하녀를 위로하시고 마음을 기쁘게 하는 말씀을 하셨나이다.' 하니라."

이 대목에서 눈물이 나왔소. 이렇게 자세히 이야기하는 것은 내가 받은 깨달음을 당신에게 그대로 전하기 위해서요. 이 말씀은 각자가 음미하고, 각자의 그릇대로 받아야 할 것 같소. 나의 깨달음은, 내가 룻이 되어야 한다는 것이오. 그렇게 하여 다윗을 낳고, 그 혈통으로 예수님을 낳아야 한다는 것을 느꼈소.

만일 룻이 없었다면, 나오미의 기업은 끊어졌을 것이오. 그러나 룻이 나오미를 만나지 않았다면, 룻 또한 존재할 수 없었을 것이오. 나오미는 룻에게 모압을 떠나 베들레헴으로 가는 계기를 주었소. 룻이 남편을 잃고 모압에서 소망을 잃었을 때, 나오미는 더 이상 아들을 낳을 수 없는 상황이었지 않았소. 그럼에도 불구하고, 나오미는 룻이 새로운 소망을 찾을 수 있도록, 그리고 보아스를 만나게 하는 계기를 마련해 주었소.

이 말씀은 우리 모두에게 주어진 깊은 의미가 있소.

모압은 세상 백성이 사는 곳이오, 베들레헴은 하나님의 백성이 사는 곳이오. 나오미는 딸을 사랑했기에, 룻이 가시밭길을 가는 것을 안타까워했소. 나오미는 홀로 모든 고통(마라)을 짊어지려 했소. 그러나 룻의 어머니에 대한 사랑, 비록 친혈육이 아닌 어머니에 대한 그 깊은 사랑이 룻이 떠나는 것을 막았소. 오르바는 떠났지만, 룻은 끝까지 남아 어머니를 따르기로 했소. 그녀는 "어머니의 백성이 나의 백성이 되고, 어머니의 하나님이 나의 하나님이 된다"고 결단했소. 어떻게 그녀는 어머니에게만 모든 짐을 지게 하고 떠나보낼 수 있었겠소?

룻과 나오미는 한동안 서로 기쁨(나오미의 이름처럼)을 함께 누리지 못했소. 그러나 룻의 사랑이 중요한 것 같소. 그녀는 베들레헴에 도착하자마자 한 일이, 바로 이삭을 줍는 일이었소. 이삭을 줍는 자는 스스로 씨를 뿌린 밭의 주인은 아니오. 주인은 따로 있고, 이삭은 거저 얻는 것이오. 룻은 감사한 마음으로 주인의 것을 거저 얻으려 했소.

보아스와 룻은 혈육관계가 아니었소. 그러나 보아스는 모압에서 룻의 남편이 죽은 후 그녀가 어떻게 행동했는지를 듣고, 은혜를 베풀었소. 보아스는 성불한 자와 사망한 자에게도 은혜를 그치지 않는 사람이었소. 또한 나오미의 기업을 이어받을 자였소.

이 모든 이야기 속에서 우리는 하나님의 섭리와 은혜를 보게 되오. 룻의 사랑과 보아스의 은혜, 그리고 나오미의 기업을 이어가는 과정이 하나님의 계획 안에서 이루어졌음을 깨닫게 되오.

그리하여 나오미는 룻의 안식할 곳을 찾아주려 했소. 룻기 3장 1절에 나오미가 룻에게 이르길, "내 딸아, 내가 너를 위하여 안식할 곳을 구하여 너로 복되게 하여야 하지 않겠느냐"라고 말했듯이, 나오미는 룻(육체, 흙)이 보아스(영, 생기)를 만나 아들(생명)을 낳아 참된 안식에 들어가게끔 이끌었소. 룻이 보아스를 만나는 과정은 매우 중요한 것 같소. 나 또한 이 부분을 완전히 이해하지 못했소,

그래서 더 깊이 묵상해 보아야겠소.

롯이 호벳을 낳아 나오미의 기업을 이을 자를 탄생시킨 것이, 단순한 한 가정의 이야기가 아니라 권사님의 기업을 이을 자들이 거쳐야 할 단계와도 관련이 깊은 것 같소. 이 과정을 통해 결국 다윗과 예수님이 나오게 되는 것이오. 이는 권사님을 중심으로 한 교회의 가족뿐만 아니라, 각 개인에게도 마찬가지로 적용되는 것 같소. 우리 각자의 마음속에서도 이 과정이 반드시 일어나야 하며, 서로가 이를 위해 하나님께 기도해주어야 한다고 생각하오.

만일 롯이 없었다면, 권사님의 기업은 끊어졌을 것이오. 당신의 깨달음을 나와 나누어주면 큰 도움이 되겠소. 우리 교회 식구들과 우리 가정을 위해 하나님께 기도드리며, 이만 편지를 줄이오.

하나님의 뜻 안에서 서로를 위해 기도하는 시간이 되길 바라오.

열세 번째 편지

　지난 일주일 동안 독감과 몸살로 인해 꼼짝 못하고 하숙방에서 지내며 많이 힘들었소. 이제는 거의 회복되어 가고 있소. 혼자서 고열에 시달리며 누워있을 때 당신과 집이 얼마나 그리웠는지, 돌아가고 싶은 마음이 간절했소. 객지에서 아프면 더 외롭고 허전해지는 법이오. 아무도 돌봐줄 사람이 없으니, 몸과 마음이 함께 무너지는 기분이었소.

　감기라고 대수롭지 않게 여겼던 것이 생각보다 심해진 것 같소. 기동도 하기 힘들 정도로 몸이 안 좋았지만 하나님이 주신 시련이라 생각하니, 그 마음이 감사로 바뀌는 것이 참 귀한 깨달음이오. 이런 경험을 통해 더욱 강해지고, 하나님께 의지하는 믿음이 깊어지는 것 같소.

　누구 하나 돌봐주는 이 없이 고통받는 사람의 심정을 절감하게 되었구려. 육체적인 아픔도 크지만, 그보다 더 큰 정신적인 고통과 고독, 그리고 그 황량함이 얼마나 무서운 것인지를 뼈저리게 느끼다니, 그것이 참으로 깊은 깨달음이오. 고통 속에서 위로받을 곳도, 누구에게 하소연할 곳도 없을 때 그 고독감이 얼마나 큰지, 말로 다 표현할 수 없을 것이오.

그렇기에 이제야 깨닫는 것이, 고통받는 사람의 곁에 함께 있어 준다는 것, 그의 아픔에 동참한다는 것이 얼마나 귀중하고 중요한 일인지 말이오. 물질적인 도움을 넘어서, 진정으로 함께해 주는 것, 그의 고통을 나의 고통으로 받아들이는 것이 얼마나 큰 의미인지 미처 몰랐던 것이오. 내가 그동안 이웃을 대하면서 얼마나 허식적인 말을 했는지, 진심으로 그들의 고통에 동참하기보다는 내 편안함을 위해 동정의 말을 던졌던 것은 아닌지, 이제야 부끄럽기 그지없소. 내가 남의 아픔에 진정으로 동참한 적이 있는지, 그들의 고통을 나의 아픔으로 받아들인 적이 있는지, 스스로 돌아보게 되오.

그럼에도 불구하고, 지금까지 내가 아플 때마다 주위에 많은 사람들이 함께해 주었으니, 내가 얼마나 이기적인 사람인가를 하나님께서 이번 시련을 통해 깨우치려 하신 것 같소. 오늘 주일을 맞아 사무엘상 3장을 읽으며 홀로 예배를 드렸소. 하지만 아직 왜 이

말씀을 주셨는지에 대한 명확한 깨달음은 없소.

사무엘은 한나가 오랜 괴로움과 고통 속에서 간절한 소망을 품고 여호와께 부르짖으며 얻은 아이였소. 한나는 사무엘을 얻기 위해 자신의 모든 것을 바쳤고, 그 아이의 평생을 여호와께 드리기로 서원했소. 한나의 간절한 열망과 고통, 그리고 그로 인해 얻은 사무엘의 생애를 생각하면, 그 모든 과정이 한나의 모든 것을 여호와께 맡기고 드리는 삶의 표본이었소.

한나가 그렇게 간절히 소원하던 아이마저도 하나님께 바쳤듯이, 우리가 간절히 원하는 것을 바칠 때 오히려 하나님께서 그 소원을 이루어 주시는 것이오. 아브라함이 이삭을 바칠 때도 그러하지 않았소. 하나님은 우리가 가진 가장 소중한 것을 바치는 순간, 더 큰 은혜를 주시는 법이오.

사무엘상 3장 말씀은 사무엘이 하나님의 음성을 듣는 장면이요. 이때 사무엘은 제사장 엘리를 따르고 있었으나, 하나님은 더 이상 엘리와 함께하시지 않았소. 엘리는 하나님의 심판을 받을 죄인이었소. 그는 하나님의 전에서 제사장으로서 당연히 자신의 자식들도 하나님께 바쳐야 했지만, 그렇게 하지 않았소. 오히려 그의 자식들은 하나님께 바쳐진 제물과 예물을 가로채며, 가장 좋은 것만을 골라 탐욕을 부렸소. 그뿐만 아니라, 여호와의 전에서 악행을 저지르며, 그 전을 간음의 장소로 만들었소.

엘리는 여호와보다 자신의 아들들을 더 소중히 여겼고, 결국 그로 인해 하나님의 심판을 받았소. 엘리의 아들들이 하나님께 바쳐진 제물과 예물을 가로채고 성전에서 악행을 저지른 것처럼, 오늘날에도 많은 성전의 제사장들이 엘리의 아들과 같은 길을 걷고 있음을 우리는 알고 있소. 그들은 자신들의 욕망과 탐욕을 하나님보다 앞세우고, 진정으로 하나님께 드려야 할 것을 자신들의 것으로 가로채고 있소.

그런데, 우리 자신은 어떠한가? 우리 육체라는 성전 안에 자리 잡고 있는 제사장이 과연 누구인가? 하나님께 드려야 할 것들을 우리가 가로채고 있지 않은지, 스스로 돌아볼 필요가 있소. 우리 마음속에 있는 여호와의 등불, 그 영원히 꺼지지 않는 약속된 등불이 점점 희미해져 가고 있지 않은지 말이오.

사무엘이 하나님의 음성을 들었을 때, 그는 처음에 여호와를 직접 알아보지 못하고 엘리에게로 갔소. "당신이 나를 부르셨기로 내가 여기 있나이다"라고 말하며, 사무엘은 여호와의 음성을 제사장의 음성으로 착각한 것이오. 이는 사무엘이 하나님께 바쳐진 자식이었음에도, 여전히 인간의 권위에 의지하려는 모습을 보여주는 것 같소. 사무엘은 하나님께 간절한 기도를 통해 얻은 자식이지만,

그가 하나님의 음성을 알아듣기까지는 여전히 시간이 필요했소.

우리도 여호와의 음성이 들려올 때, 제사장에게로 가려 하지 않겠소? 하나님의 말씀을 듣고 하나님을 만나기 위해 성전으로 향하지 않겠소? "당신이 부르셨기에 내가 여기 있습니다"라고 말하면서 말이오. 지금 우리가 그렇게 하고 있지 않소? 권사님이 우리를 하나님께 서원하여 낳으셨음에도 불구하고 말이오.

사무엘도 세 번이나 엘리에게 갔소. 엘리는 사무엘이 자기 자식이 아니라 여호와께 바쳐진 자식임을 깨닫고, 그를 여호와께 돌려보냈소. 우리는 사무엘의 마음을 이해할 수 있소. 사무엘은 아직 성장 중인 아이였고, 스스로 제사장이 될 수 있는 능력이 없었기 때문이었소. 그렇기에 엘리에게 의존하여 자랄 수밖에 없었던 것이 아니겠소?

그러나 그곳에 이제 하나님이 계시지 않다면 어떻게 하겠소? 사무엘에게 엘리는 절대적인 존재였소. 그는 절대 권력을 가진 제사장이었고, 사무엘을 어릴 때부터 키워준 사람이었소. 그래서 사무엘에게는 하나님보다 엘리가 더 가깝고, 현실적으로 확실한 구세주처럼 느껴졌을 것이오. 엘리는 하나님의 대행자였기에, 사무엘은 엘리의 말과 행위가 모두 옳다고 믿었을 것이오.

사실 엘리는 끝까지 하나님을 어기지 않으려고 애썼음이 성경에도 드러나 있소. 그러나 그는 자식을 하나님께 온전히 바치지 못했소. 그 결과 자식들을 잘못 키운 것이 그의 죄였소. 왜 그게 큰 죄였겠소? 그 자식들이 바로 제사장이 될 운명이었기 때문 아니겠소. 그래서 하나님께서 사무엘에게 처음으로 하신 말씀이 엘리 집안에 대한 경고였던 것이오. 사무엘의 대부이자 위대한 제사장인 엘리에 대해 하나님께서는 엄중한 심판을 내리셨소. 그것도 하나님을 모독한 죄로 인해, 영원히 속함을 얻지 못하는 죄로서 심판을 받게 된 것이오. 사무엘은 그토록 존경하던 엘리에게 닥칠 무서운 심판을 듣고는 그 사실을 숨기려 했소. 사무엘이 얼마나 당혹스러웠겠소?

사무엘이 엘리에게 그 심판의 말씀을 숨기지 않고 알렸을 때, 하나님께서 그와 함께하시며 다시 희망이 있는 실로에 거하시면서 사무엘을 여호와의 선지자로 세우셨소. 왜 이 말씀을 주셨는지 나도 잘 모르겠소. 당신이 깊이 생각해주기를 바라오. 깨달음이 있으면 나에게도 알려주오. 혹시 내가 잘못 이해한 부분이 있다면 그것도 지적해주기를 바라오. 이제 건강은 거의 회복되었으니 너무 걱정하지 말기를 바라오. 새해에는 우리가 아는 모든 사람들이 보람찬 소망의 한 해를 맞이할 수 있도록 부디 함께 기도하길 바라오. 그럼 이만 줄이오.

열네 번째 편지

어제 주일 예배에서 창세기 32장을 본문으로 삼았소. 야곱이 가나안 땅으로 돌아와 형 에서를 만나는 장면이었소. 인간적으로 보면, 야곱의 행동은 마음에 들지 않는 부분이 많소. 그는 에서보다 힘이 약했고, 그의 발뒤꿈치를 잡고 태어났소. 또한 장자의 명분과 축복을 얻기 위해 형과 아버지를 속이기까지 했소.

그러나 야곱에게는 하나님에 대한 열심과 믿음이 누구보다도 강했소. 마치 불의한 재판관에게 끊임없이 호소하던 과부처럼, 밥상에서 떨어진 부스러기라도 먹으려 했던 가나안 여인처럼 말이오. 예수님께서도 내가 다시 올 때 이와 같은 믿음을 볼 수 있겠느냐고 물으셨지 않소.

야곱은 장자의 명분을 차지하기 위해 모든 것을 포기하였소. 이는 마치 밭에서 보물을 발견하고, 그 보물을 얻기 위해 모든 재산

을 팔아 그 밭을 산 것과 같소. 천국은 침노하는 자의 것이라 하지 않았소?

그의 믿음과 열심은 아내를 구하는 과정에서도 분명히 드러나오. 그는 아람(세상)으로 도망쳐 외삼촌의 집에서 아내를 얻기 위해 14년을 외삼촌을 섬기며 고생했소. 그리하여 세상에서 많은 자식(열매)을 얻었소. 이후에도 6년 동안 세상에서 부를 얻기 위해 양을 치며 일했소. 하나님께서 그에게 많은 양무리를 허락하셨소.

야곱의 특징은 하나를 얻기 위해 다른 것을 돌아보지 않는 데 있소. 그는 세상(광야)에서 두 가지 일을 마쳤소. 첫째, 합당한 아내를 얻어 자식을 낳는 것이었고, 둘째, 하나님께 속한 양무리를 얻는 것이었소. 이 두 가지를 이루고 이제 본향을 찾아가는 길에 들어섰소. 그러나 그 본향을 찾는 과정도 결코 쉽지 않았소. 뒤에서는 위협이 쫓아오고, 앞에서는 장애물이 가로막고 있었소. 마치 모세가 출애굽하는 과정과 다를 바가 없었소.

모세는 결국 가나안 땅에 들어가지 못했소. 그는 오직 이스라엘을 바로의 구속에서 벗어나게 했을 뿐, 가나안 토족과 대면조차 하지 못했소. 야곱 역시 가나안 땅에서 에서의 얼굴을 마주하는 것이 가장 두려운 일이었소. 왜냐하면, 야곱은 에서로부터 천국의 명분을 빼앗았기 때문이오. 이제 광야에서 얻은 것들을 가지고 가나안의 복지를 차지해야 할 단계에 이른 것이오.

하나님은 분명히 약속하셨소. 창세기 32장 1절에, "야곱이 길을 가는데 하나님의 사자들이 그를 만난지라"라고 기록된 것처럼, 하늘의 군대가 그를 호위하고 있었소. 그러나 야곱은 자신의 행동에 대해 사람들의 보복이 두려웠소. 그는 하나님께는 의로운 일을 하였지만, 사람에게는 불의한 일을 했던 것이오. 우리가 두 존재 모두에게 의로운 일을 할 수는 없소. 하나님께서도 그것을 원치 않으신 것이오.

야곱은 오직 하나님에 대한 소망만을 택했소. 우리도 세상에서 이롭다는 말을 듣고 그것을 하늘에서의 축복으로 착각하는 경우가 있지 않소? 그러나 야곱은 사람의 보복을 두려워했소. 그래서 그는 에서를 무마하려 했던 것이오.

하지만, 결국 그는 누구와 싸웠소? 하늘의 천사와 밤새 싸웠소. 그러나 그 싸움은 실제로 사람과의 싸움이 아니었소. 우리도 마찬가지인 것 같소. 야곱은 천사와의 싸움에서 이겼지만, 환도뼈를 다쳐 결국 장애를 가진 채로 가나안에 들어가게 되었소. 그럼에도 불구하고, 야곱만큼의 열심과 믿음을 어디서 다시 찾을 수 있겠소? 그는 이스라엘이라는 이름을 받을 자격이 있었던 사람이오.

나도 내가 서야 할 땅이 어디인지 다시 회개하게 되오. 혹시 내가 잘못 깨달은 부분이 있다면 지적해주길 바라오. 하나님께서 우리가 아는 모든 식구들에게 축복을 가득 부어주시기를 멀리서나마 기도드리며 이만 편지를 마치오.

열다섯 번째 편지

며칠 전 당신이 보내준 18번째 편지를 읽고 마음이 몹시 아파 다시 펜을 들었소. 요즘 나는 남을 위한다고 한 일이 오히려 그들에게 상처를 주고 있는 것 같아 괴롭소. 당신의 편지를 읽고 또 읽으면서, 내가 얼마나 절망의 밑바닥까지 내려왔는지 실감하게 되었소.

지금 나에게 남은 것은 오직 학문뿐이지만, 인간적인 허전함을 채울 곳은 아무데도 없소. 하숙집도 그저 잠만 자고 나가는 곳일 뿐, 그 이상은 아니오. 어디를 가도 인간적인 유대는 기대할 수 없는 이국땅에서 나는 외로움을 견디고 있소. 주일마다 보내주는 당신의 편지만이 유일한 위안이었소. 그런데 그 편지마저 나를 우울하게 하니, 마음이 텅 비고 허전함만이 밀려오오.

이 모든 것이 하나님께서 나에게 주시는 시련이라는 생각이 드오. 내 나름대로는 남을 돕고자 했던 일이 오히려 그들에게 해가 된 것 같아, 하나님께서 내 행위 속의 가증스러움을 징벌하시는 것이 아닌가 하는 회개의 마음이 드오.

아직 그 가증함의 정체가 무엇인지 정확히 알지 못하겠소. 그러나 선의(善意)가 악의(惡意)를 가리는 일이야말로 하나님의 징계가 아니고 무엇이겠소. 지혜가 부족하여 내 행위 속의 악의(惡意)를 선의(善意)로 착각하며 어처구니없는 일을 저질러 온 것 같소. 지금 나의 심경은 나 자신을 깊이 반성하고, 하나님의 뜻이 어디에 있는지를 찾아야 한다는 절박함으로 가득 차 있소. 아마도 하나님께서 나의 가증스러운 행위를 깨우쳐 주시기 위해 내 마음을 광야처럼, 허전함으로 채우시는 것 같소.

이 시기에 나는 겸손히 하나님의 뜻을 깨닫고, 진정한 거듭남을 이루어야 한다고 느끼지만, 그것이 결코 쉽지가 않소. 잠시 깨달음이 올 때도 있지만, 마음이 요동치는 것을 막기가 힘든 경우가 많소. 허전함을 메우기 위해 내 안에서 답을 찾기보다는 외부에서 찾으려 하다 보니, 남을 원망하거나 상처를 주는 일들이 벌어지곤 하오. 그리고 그 결과, 내 허전함은 더 커져만 가는 것 같소. 그 사실을 알면서도 그 고리를 끊는 것이 얼마나 어려운지 모르겠소.

당신에게 이런 넋두리를 털어놓아도 되는지 모르겠지만, 지금

이 순간 그것밖에는 마음을 풀어낼 길이 없소.

그러나 지금 나에게는 이런 이야기를 털어놓을 사람이 아무도 없소. 당신만은 내 심정을 이해해 주리라 생각해서 이렇게 편지로나마 대화를 나누는 것이오. 이 세상에 고통이 없는 사람이 어디 있겠소? 그 고통을 자기 자신이나 남에게 짜증 내지 않고 슬기롭게 극복하는 것이 오히려 자기 성장을 위한 기회가 될 수 있지 않겠소. 우리도 그런 자세를 가지도록 노력해야 할 것이오.

나는 당신에게 무언가를 해주고 싶지만, 왜 그 모든 노력이 거꾸로 돌아가는지 알 수가 없소. 내가 무엇을 잘못하고 있는지 솔직하게 지적해주기를 바라오. 사실 나는 당신에게 보내는 편지를 쓰기 위해 밤을 새운 적도 많소. 특히 성경 해석에 관한 편지는 보통 10시간 이상 걸리오. 이렇게 깊이 고민하고 쓴 편지가 오히려 당신에게 상처를 준다면, 분명히 문제가 있는 것 아니겠소?

하나님께 우리가 더 이상 시험에 들지 않도록 기도드리며, 당신의 마음이 평안해지기를 바랄 뿐이오.

열여섯 번째 편지

　나는 당신도 알다시피 철저한 신앙인은 아니오. 사실, 나 자신을 참된 신앙인이라고 생각해 본 적이 한 번도 없소. 마지못해 끌려다니는 존재처럼 스스로를 인식하고 있소. 그래서 세상에서 조그만 풍파가 있을 때마다 내 생각과 감정으로 문제를 해결하려고 애쓰고 고민하지, 하나님께 온전히 맡기지 못하오. 내가 애쓰고 내가 계획해야만 한다고 생각하니, 모든 것을 믿음으로 하나님께 맡기기가 어렵소.

　병원을 열심히 찾아다녀야만 나을 수 있을 것 같고, 기도를 열심히 해야만 소원이 이루어질 것이라 믿으며, 모든 것을 내가 붙잡아야 한다고 생각하오. 이를 하나님께 온전히 맡기지 못하는 나 자신을 자주 돌아보게 되오. 그래서 내가 구하는 것이 이루어지지 않으면, 내 마음대로 판단하고 심지어 하나님을 원망하게 되기도 하오. 이런 상태에서 나에게 어떻게 참된 신앙인의 자유함과 안식이 있을 수 있겠소? 아직도 세상에 얽매여 있음을 느끼고 있소.

찬송가 405장 "나 같은 죄인 살리신"이 떠오르오. 에베소서 2장 5절에도 "너희가 은혜로 구원을 얻은 것이라"라고 하였소. 우리는 하나님께 은혜와 은사, 그리고 신유를 간절히 구해왔지만, 그가 바로 은혜와 은사, 신유의 주인이심을 마음속에 정말로 모셨다고 장담할 수 있겠소? 그렇다면 왜 우리는 생각과 염려로 애쓰고, 모든 것을 붙잡으려고 하는 것일까? 내가 붙잡는 것이 아니라, 주님께서 붙잡아 주시는 것인데 말이오.

결국, 나는 그동안 나를 위해만 일해 왔지, 주님을 위해 일한 적은 한 번도 없었던 것 같소. 그런 내가 어떻게 참된 신앙인이라고 할 수 있겠소? 나에게 어떻게 안식이 있겠소? 어제 주일에 사무엘하 24장을 보면서, 이 점을 다시 한 번 절감하였소. 다윗은 하나님이 택한 그릇이었소. 그는 솔로몬 성전의 기초를 닦는 역할을 했던 사람이오. 그러나 솔로몬 성전의 터는 우리 안에도 있소.

다윗은 이 성전의 기초를 닦기 위해 수많은 토족들과 싸워야 했소. 그의 일생은 싸움의 연속이었소. 우리도 마찬가지요. 터를 닦기 위해서는 우리 안의 '토족'과 싸워야 하오. 그 토족이 누구겠소? 바로 '나'요. 내 판단, 내 생각, 내 걱정, 내 계획, 그리고 내 노력—

all 하나님께 맡기지 못하고 내가 스스로 붙잡고 있는 모든 것들이 바로 그 '토족'이오.

하나님 입장에서는 "하나님의 것"이 아닌 모든 것을 따르는 행위는 우상 숭배에 해당되오. 그렇다면 내가 "나"를 따르는 것도 결국 우상 숭배가 되는 것이오. 사실, 모든 우상 숭배의 근원은 내 생각과 내 소원에서 비롯되는 것이오. 다윗도 큰 임금이었소. 그는 하나님께 속한 백성 외에도 주변의 많은 백성들을 멸하고 복종시켰소. 아마도 그만한 왕은 없었을 것이오. 그런데 우리 중 얼마나 많은 사람들이 자기 안에 있는 "나"에 속한 모든 것을 죽일 수 있겠소? 다윗도 그 모든 것을 완전히 없애지 못했소. 그 결과, 나중에 후환이 되었지 않소.

다윗은 큰 임금으로서 많은 용사를 거느렸소. 사무엘하 23장에 보면 37명의 용사 이름이 나와 있소. 이들은 다윗이 토족을 멸하는 데 쓰였던 용사들이며, 다윗이 직접 길러낸 이들이오. 우리도 우리 안에 있는 "나"를 죽이기 위해 얼마나 많은 용사를 길러냈는지 생각해보아야 하오. 다윗에게도 37명 외에 더 많은 용사들이 있었소.

결국, 우리도 내 생각과 소원에서 비롯된 우상을 없애기 위해 많은 "용사"를 길러내야 할 것이오. 그 용사들이 내 안의 토족을 멸하는 데 쓰일 것이오.

다윗이 이스라엘의 군사력을 계수한 결과, 이스라엘에서 80만 명, 유다에서 50만 명이었소. 역대기상 21장을 보면 이 숫자가 더 많은 것으로 기록되어 있으며, 요압은 다윗의 행위가 가증하여 레위와 베냐민 지파를 일부러 제외한 채로 계수했소. 그럼에도 불구하고 이렇게 많은 인원을 기록한 것이지요. 다윗은 성전의 기초를 닦기 위해 많은 용사들을 길러냈소. 그렇다면 우리는 하나님의 성전이 될 나 자신을 만들기 위해, 나를 죽이는 용사들을 얼마나 길러냈는지 자문해보게 되오. 하나님이 기름 부은 자들 중에 다윗만 한 인물이 없었소.

하지만 다윗은 마지막에 큰 실수를 저질렀소. 바로 사무엘하 24장의 내용이 그것이오. 다윗은 용사들을 계수하게 했는데, 이는 그의 용사들의 숫자를 알아내어 새로운 적을 멸하기 위한 준비였을 수도 있고, 혹은 자신의 군사력이 얼마나 강한지 알고 싶었을 수도 있소. 어떤 이유였든지 간에, 그 행위 자체가 하나님께는 가증스러운 것이었소. 하나님은 다윗의 이 행위에 크게 노하셨소.

다윗은 많은 용사를 길러내고, 그들을 이용해 토족을 복종시키는 데는 성공했지만, 마지막 순간에 인간적인 계산과 자신의 힘을 의지하려 했던 것이 문제였소. 결국, 이는 하나님께서 가장 싫어하시는 교만과 자기 의존에 해당되었소.

　사실 다윗의 그 행위 속에는 이미 하나님께 맡긴다는 뜻이 사라졌소. 그저 자신의 염려, 노력, 계획만이 자리 잡고 있었지 않소. 결국 "내"가 그 안에서 여전히 살아 있었던 것이오. 이렇게 되면 다윗이 길러낸 많은 용사들이 하나님의 성전을 이루기 위해 멸해야 할 단 하나의 토족으로 전락해 버리게 되지 않겠소? 그리고 그 용사들은 전쟁을 많이 경험한 자들이기에, 오히려 가장 멸하기 어려운 토족이 되는 것이오. 사탄의 전략도 바로 여기서 가장 큰 힘을 발휘하는 것 같소. 마치 동방의 의인 욥의 경우와 같지 않겠소?

　다윗이 키워낸 담대한 용사들이 "나" 다윗의 힘과 의를 나타내기 위해 사용된다면, 그것은 매우 위험한 상황이 되는 것이오. 하나님의 뜻을 따르는 대신, 자신의 힘에 의존하는 것이 되어버리니, 그 용사들이 결국 하나님의 계획을 방해하게 될 수 있소. 이런 경우, 아무리 하나님의 천사라도 그들을 멸하기는 어려울 것이오.

　이에 하나님께서 크게 노하시고, 다윗을 진멸하기로 계획하셨소. 그러나 다윗의 위대한 점은 자신의 잘못을 즉시 "회개"할 수 있었다는 것이오. 그리하여 하나님은 다윗이 닦아 놓은 성전의 터를 완전히 버리지 않으시고, 세 가지 벌 중 하나를 선택하도록 하셨소. 첫 번째는 7년간의 기근으로, 이는 결국 터를 버리고 다시 남의 종이 되게 하는 벌이었소(요셉의 예처럼). 두 번째 벌은 외적의 침공으로, 가나안 성전을 다시 토족(즉, '나')에게 돌려주는 것이었소. 세 번째 벌은 성전은 그대로 두되, 토족으로 변한 용사들만 멸하는 것이었소.

여기서 다윗의 답변은 참으로 깊은 교훈을 주오. 하나님은 자신의 성전을 위해 닦아놓은 기초인 용사들을 모두 멸하는 것조차 뉘우치시고, 천사에게 그만두라고 명하시며, 솔로몬 성전이 세워질 터전에서 번제를 드림으로써 벌을 멈추게 하셨소. 다윗은 이 성전의 터를 대가를 지불하고 구입하였소.

우리는 다윗처럼 잘못을 저지를 때가 얼마나 많은지 모르겠소. 이때 다윗이 보여준 세 가지 중요한 방법이 우리의 지침이 될 수 있다고 생각하오. 첫째, 회개. 둘째, 하나님이 내리신 처벌에 대한 순종적인 답변. 셋째, 번제를 드리기 위해 대가를 지불하는 것이오. 이 번제 위에 솔로몬 성전이 세워졌듯이, 우리 마음의 성전도 이렇게 세워져야 할 것이오.

이제 하나님께서 우리에게 건강을 허락해 주시기를 기도드리며, 이만 줄이오.

열일곱 번째 편지

　당신의 편지가 이번 주에는 아직 오지 않아서 궁금하구려. 요즘 나는 창세기부터 시작해 매일 5장씩 성경을 읽고 있는데, 어느덧 욥기까지 왔소. 지금은 욥기를 읽고 있는데, 솔직히 말하자면 욥기에 와서는 그 뜻을 제대로 이해하기가 어렵소. 욥기 3장만 해도 처음부터 끝까지 욥이 자신의 생명을 저주하는 내용으로 가득 차 있소. 문자 그대로는 이해가 되는데, 그 내용이 어떤 의미를 갖는 것인지는 도무지 알 수가 없소. 아마도 내가 욥처럼 고통의 밑바닥까지 가보지 못했기 때문에 그 마음을 온전히 이해하지 못하는 것 같소.

　또한 욥기의 설정 자체가 매우 특이하오. 욥의 순전함에 대한 하나님의 믿음과 사탄의 의심으로 인해 욥의 시련이 시작되었소. 여기서 하나님은 사랑이시기 때문에 직접적으로 의혹이나 시험을

주시지 않으시고, 모든 시험은 사탄이 관여하는 것처럼 보이오. 마치 마태복음에서 예수님이 말씀하신 것처럼, 예수님이 계실 동안에는 빛이 있어서 시험이 없지만, 암흑의 권세가 오면 사탄이 제자들을 밀 까부르듯 시험에 들게 할 것이라고 하셨던 장면이 떠오르오.

사탄의 시험의 본질은 참으로 역설적이오. 그 시험은 결국, 우리가 하나님을 얼마나 순전하게 사랑하는지를 드러내는 것이오. 즉, 내가 가진 소유물 때문에 하나님을 사랑하는가? 나의 육체적 존재 때문에 하나님을 사랑하는가? 이 질문에 대한 시험이 이루어지는 것이오. 이 시험에서 이기면 아들의 권세를 얻지만, 지면 사탄의 권세에 빠지게 되는 것 같소.

우리가 하나님의 뜻에 얼마나 순전한가를 생각하면 부끄러움을 느끼지 않을 수 없소. 사탄의 시험은 우리의 믿음의 근본을 정확히 강타하고 있는 것 같소. 하나님이 우리에게 축복을 주시는 동안에는 우리가 하나님을 신뢰하지만, 어려운 시기가 닥치면 우리는 마치 하나님이 우리를 저주하는 것처럼 쉽게 생각하오. 욥의 아내도 그런 생각을 가졌소. 하지만 욥의 아내뿐만이 아니었소. 욥의 세 친구들 또한 같은 생각을 가지고 욥을 위로하려 했소(욥기 4장, 8장, 11장). 그들은 이미 사탄의 시험에 빠질 수밖에 없는 위치에 있었소.

그러나 욥은 달랐소. 3장에서 욥이 자신의 생일을 저주하고, 하나님께서 주신 빛을 저주하며, 자신의 생명까지 저주했지만, 이는 단순한 절망이 아니라 하나님께로부터 온 복을 받아들이는 깊은 신앙적 고뇌였소. 욥의 말과 행동은 표면적으로는 절망적이지만, 그 속에는 하나님에 대한 깊은 신뢰가 깔려 있었던 것이오. 욥은 자신의 고통 속에서도 하나님을 저버리지 않았소.

욥은 재앙이 닥친 것도 알고 있었으며, 그 재앙이 하나님을 믿거나 존재하는지 여부를 판단하는 기준이 될 수 없다는 것을 깨달았소. 욥은 단순히 재앙이나 축복 때문에 하나님을 의심하거나 자신의 신앙을 흔들리게 하지 않았소. 오히려 그는 인간으로서 자신의 조건을 원망하며, 인간이란 본래 곤고하고 마음이 번뇌하는 존재라는 사실을 깊이 인식한 것이오.

욥기 3장 20절에서 말하듯이, "어찌하여 곤고한 자에게 빛을 주셨으며, 마음이 번뇌한 자에게 생명을 주셨는고?" 하나님께 둘러싸여 길이 보이지 않는 사람에게 어찌하여 빛을 주셨는가 하는 질문은, 인간이 재앙을 당할 때 자연스럽게 번뇌하고 공고해지는 존재임을 보여주고 있소. 이러한 존재에게 하나님께서 빛과 생명, 즉 하나님을 알게 하신 것은, 욥이 재앙이나 축복을 넘어선 차원에서 하나님과의 관계를 유지하고자 하는 깊은 고뇌를 드러내는 것이오.

욥은 재앙 속에서도 자신의 순전함을 잃지 않기 위해 겪는 고통이 너무나도 컸기에, 차라리 하나님을 알지 않았더라면 하는 말이 나올 정도였소. 이 말 속에는 욥이 인간으로서 감당해야 할 고통이 얼마나 크고 무거운지를 보여주는 것이오. 이는 예수님께서 십자가를 앞두고 하신 기도와도 통하는 부분이 있소.

마태복음 26장 39절에서 예수님께서 "오 내 아버지여, 가능하시거든 이 잔을 내게서 지나가게 하시옵소서. 그러나 내 뜻대로 하지 마옵시고 아버지의 뜻대로 하옵소서"라고 기도하신 장면이 떠오르는구려. 이 기도는 예수님의 인간성이 얼마나 깊이 표현된 것인지 알 수 있소. 예수님도 인간적인 고통과 두려움을 느끼셨지만, 결국 아버지의 뜻을 따르는 결단을 보여주신 것이오.

만일 하나님께서 빛을 주지 않으셨다면, 그곳에서는 인간이 소란을 멈추고, 지친 자가 평강을 얻으며, 갇힌 자는 평안을 누리며, 감독자의 소리—즉, 하나님과 사탄의 소리—를 듣지 않겠소. 또한 종은 상전에게서 해방될 것이오(욥기 13~19장). 이 말씀은 단순히 하나님을 믿느냐, 믿지 않느냐의 차원에서 나오는 이야기가 아니오. 이것은 하나님 앞에서 순전함을 이루느냐, 이루지 못하느냐에 대한 차원으로 이해해야 한다고 생각되오.

욥을 단순히 재앙과 축복의 차원에서만 해석한다면, 그는 불신

자에 불과하고, 하나님의 빛을 저주하는 자로 간주될 수 있소. 그러나 욥이 23절에서 말하듯, "하나님에게 둘러싸여 길이 아득한 사람에게 어찌 빛을 주셨는고"라고 탄식하는 것은, 욥이 단순히 고난에 대한 원망이 아니라, 더 깊은 차원의 질문을 던지고 있음을 보여주오. 그는 하나님 앞에서 순전함과 정의를 찾으려 하고 있소.

욥기에서 우리가 주목해야 할 것은, 이 길을 찾지 못하면 사탄의 시험에 빠질 수밖에 없다는 경고이오. 사탄의 시험은 욥뿐 아니라 우리 모두가 직면하는 문제이기도 하오. 욥기는 단순한 고난의 이야기가 아니라, 고난 속에서 하나님과의 참된 관계를 찾으려는 인간의 여정이오.

당신의 해석이 궁금하오. 욥기 전체를 자세히 읽어 볼까하오. 그럼 안부를 전하면서 나 또한 우리 집안의 평안을 위해 기도드리겠소.

열여덟 번째 편지

　이번 주에는 당신의 편지를 무려 4통이나 받았소. 9일, 10일, 14일, 16일 자 편지를 하루가 멀다 하고 받아서, 하숙집 주인도 놀랄 정도였소. 특히 지난주 당신이 쓴 "내가 잘한 것 다 기억하고 또 하나님께 영광 돌려야 할 것을 내가 모조리 받았으니, 아버지께서 계수할 것이 하나도 없다"는 대목이 나에게 깊이 찔려왔소. 정말 나는 내가 하나님께 올려야 할 것들을 마치 내 것인 양, 나의 의와 영광만을 추구하며 살아왔다는 것을 깨닫게 되었소.

　사실, 내 것이 무엇이 있겠소? 우리는 모두 흙에서 왔다가 흙으로 돌아갈 존재인데, 나에 대한 이 집착을 언제쯤 끊을 수 있을지 아득하기만 하오. 우리가 생명을 "소유"하고 있는 한, 그것은 잃을 수 없는 집착이자 끊기 어려운 덫인 것 같소. 마치 롯의 아내처럼 말이오. 구원을 받아 산(피안)으로 가면서도 세상에 대한 미련을 버리지

못해 결국 그녀는 소유의 집착으로 인해 생명을 잃고 말았소.

생명이란 우리가 소유하는 것이 아니라, 오히려 그 소유를 포기함으로써 하나님 안에서 다시 얻는 부활의 생명일 텐데, 그 진리를 붙잡기란 참으로 쉽지 않소. 욥이 오죽했으면 자신의 생일을 저주했겠소. 그 고통 속에서 자신이 소유한 생명조차 저주할 만큼, 인간의 한계를 절실히 느꼈던 것이오.

나도 나의 집착을 내려놓고, 하나님 안에서 참된 생명을 찾기를 간절히 바라고 있소. 당신의 편지 덕분에 다시 한 번 깊이 생각하게 되었소.

금주에는 욥기 21장을 가지고 예배를 보았소. 갈수록 욥기가 얼마나 어려운지 느껴지오. 욥기를 읽다 보면, 욥의 세 친구들은 단순한 외부 인물이 아니라, 마치 욥의 마음속에 있는 번뇌를 대변하는 존재처럼 보이오. 이 세 친구는 각기 다른 인간적 고뇌와 세상적 지혜를 상징하는 것 같소. 테만 사람 엘리바스는 세상 지혜에 의지하는 자요, 수아 사람 빌닷은 율법적 선악을 따르는 자요, 나아마 사람 소발은 인간적 소망을 대표하는 자로 보이오. 이들은 모두 욥이 자신의 고통을 해소하려고 의지했던 인간적인 요소들을 드러내는 존재들이오.

어떻게 보면, 욥이 자신의 고통을 그들에게 의지하여 해결해 보고 싶어 스스로 만들어낸 내면의 갈등일 수도 있소. 혹은 하나님의 뜻을 그들을 통해 이해하고 터득해보려는 시도일 수도 있소. 그러나 시간이 지날수록 욥은 그들 안에 하나님이 계시지 않다는 사실만을 깨닫게 되오. 오히려 그들의 말은 욥의 고통을 더 악화시키고, 괴로움만을 더해줄 뿐이오.

욥이 믿고 의지하던 친구들은 결국 세상적으로나 신앙적으로나 그의 고통을 해결하지 못하는 한낱 헛된 존재였다는 것이 반복해서 확인될 따름이오. 이는 인간적인 지혜나 소망으로는 참된 해답을 찾을 수 없음을 말하는 것 같소. 욥의 친구들이 하는 모든 말은 그저 욥의 고통을 심화시키는 데 그치고, 욥은 그들을 통해 자신이 믿었던 인간적 의지와 지혜가 얼마나 무의미한지 깨닫게 되는 것이오.

욥의 세 친구들에게서는 하나님의 본체, 즉 사랑을 찾을 수 없소. 그들의 말에는 오직 정죄와 판단만이 있을 뿐이오. 마치 안 집사가 창세기 말씀에서 말한 것처럼, 그들에게는 선악과만 있고 생명과는 없소. 인간은 선악과를 먹었기에, 시비와 정죄, 판단은 하나님처럼 하지만, 생명과 빛, 사랑은 없소. 바울의 말씀처럼, 사랑이 없으면 아무것도 아니오. 그들의 행동은 오히려 욥의 괴로움만을 더해줄 뿐이오.

그렇다고 해서 욥이 옳다는 것은 아니오. 욥도 자신이 의롭다는 판단에 빠졌기 때문에 세 친구들을 불러들였소. 그 결과로 생긴 논쟁과 고통은 결국 욥 자신이 자초한 것이오. 인간이란 결국 자신이 옳다고 여기며 서로 물고 뜯고 싸우는 존재인 것 같소. 그 안에서 지혜와 율법은 실종되고 말지요.

욥기 21장에서 욥은 악인이 왜 이렇게 번성하고 오래 살며, 세력을 떨치는지에 대한 깊은 의문을 제기하고 있소. 그는 왜 악인이 의인보다 세상에서 더 풍요로움을 누리고, 축복받는 것처럼 보이는지를 묻고 있소. 이 질문은 우리 마음속에서도 흔히 떠오르는 의문이오. 세상적으로 볼 때, 정의롭고 바르게 사는 이들보다 오히려 악한 자들이 더 잘 살고 번성하는 모습을 종종 목격하게 되기 때문이오.

왜 하나님은 악을 행하는 자들을 즉시 벌하지 않고, 악인의 달수가 지날 때까지(21절) 가만히 두시는가? 욥의 반문처럼, 악인이나 의인이나 모두 결국 흙 속에 눕고, 고생하든 윤택하게 살든, 죽음 앞에서는 모두 평등한 것처럼 보이는 상황에서 하나님의 뜻이 무엇인지 우리는 쉽게 알기 어렵소.

나아마 사람 소발은 욥기 20장에서 악인의 말로가 얼마나 무섭고 처참한지 길게 설명하오. 하지만 욥의 질문은 그보다 더 근본적인 것이오. 왜 악인에게 벌이 당장 내리지 않는가? 왜 하나님은 그들을 가만히 두시는가? 이 질문은 우리가 세상을 바라보며 종종 느끼는 혼란을 대변하는 것 같소.

욥기의 중심 테마는 의인과 악인에 대한 것이오. 지금 욥은 인간으로서 이해하기 가장 어려운 문제, 즉 왜 악인도 번성하고 의인도 고통을 받는가를 하나님께 정직하게 고백하고 있소. 그의 친구들은 이 질문을 피하고, 단순히 선과 악의 이분법적인 해석에만 머물러 있소. 그들은 마음속에 싹트는 의문을 직면하려 하지 않으며, 하나님이 악을 혐오하고 그것을 피하는 것이 신앙의 본질이라고만 생각하오. 그들은 악을 혐오하고 하나님과 악이 대립하는 것으로만 이해하면서, 그 이상을 보지 못하고 있소. 그래서 그들은 정죄만 하고, 사랑을 이해하지 못하는 것이오.

사실, 우리가 흔히 말하는 "악인"은 과연 우리 밖에 있는 것인지 생각해 보게 되오. 만일 예수님이 악인을 위해 십자가에 달리신 것이라면, 그 악인은 단순히 외부에 존재하는 자들이 아니라, 우리 모두를 포함한 인간의 내면에 있는 것이 아닐까 싶소. 내 생각에도 예수님은 이 세상을 악인과 선인으로 구분하지 않으셨을 것 같소. 오히려 그분은 우리 모두를 사랑으로 품으셨을 것이오. 만약 구별이 필요했다면, 모든 사람을 선인으로 보셨을 것이라 믿소. 그렇지 않다면, 진정한 사랑이 있을 수 없지 않겠소?

우리가 누군가를 악인이라고 판단하는 순간, 그 악은 우리 밖에 있는 것이 아니라 우리 안에 있소. 그 내면의 악이 우리로 하여금 다른 사람을 정죄하게 만들고, 그 정죄를 통해 우리가 스스로 의인이라고 착각하게 만드는 것이오. 결국, 그 의인의 자리에 앉으려는 대가는 우리의 본성을 잃어버리고, 참된 사람다움을 포기하는 결과를 초래하오.

또한 그 결과는 우리 안에 웅크리고 있는 악에 대해 종노릇하게 되는 것이오. 정죄를 통해 자신을 의롭게 보이려 할 때, 우리는 오히려 내면의 악에 종속되게 되는 것이오.

우리가 선과 악의 싸움에 매몰되면, 결국 죄의 본질을 알게 되지만, 그로 인해 죄에서 헤어나올 수 없게 되는 것이오. 그리고 죄는 결국 우리를 사망으로 이끌지 않겠소? 바울의 로마서에서도 이 사실을 강하게 말해주고 있소. 우리는 선과 악을 구분하고 정죄하는 과정에서 오히려 죄에 더 깊이 빠져들고, 그 죄는 결국 우리를 파멸로 이끄는 것이오.

욥도 지금 이 싸움에서 벗어나기 위해 솔직하게 "왜 하나님은 악인을 버려두시는가?"를 질문하고 있소. 이 질문은 단순히 욥 개인의 고뇌만이 아니라, 우리 모두가 하나님께 던져야 할 질문인 것 같소. 이 질문을 통해, 하나님이 우리에게 무엇을 원하시고 어떤 계획을 이루시는지 깨닫기를 바랄 뿐이오.

그럼, 하나님께 우리 식구와 교회 식구를 위해 기도하면서 이만 줄이오.

열아홉 번째 편지

　당신의 25번째 편지를 받고 마음이 무거웠소. 당신이 영적으로 깊은 고민을 겪고 있다니, 나도 그 고통을 이해할 수 있을 것 같소. 육체적인 고통보다 영적, 정신적인 고통이 훨씬 더 큰 괴로움이라는 것을 나 역시 절감하고 있소. 신체적인 고통은 그저 아픔일 뿐이지만, 정신적인 고통은 그 고통이 뼛속까지 스며들어 우리를 더욱 힘들게 하지 않소.

　그러나 영적 고통은 우리에게 성숙할 수 있는 기회를 주기도 하오. 중요한 것은 그 고통의 원인을 밖에서 찾지 않는 것이오. 많은 경우, 우리는 고통의 이유를 외부에서, 심지어 하나님에게서도 찾으려 하오. 그러나 진정한 해결책은 그 물음을 내 안에서 찾고, 회피하지 않고 그 고통을 직면할 때 비로소 실현되는 것 같소.

　대부분의 경우, 내 안에 있는 교만이 정신적인 고통의 원인으로

판명되곤 하오. 내가 다른 사람보다 의롭게 보여야 한다는 생각, 나의 혈육이 남에게 뒤지지 말아야 한다는 걱정, 이런 생각들이 결국 나를 짓누르는 것이오. 만약 내가 나를 잊고, 이 모든 집착에서 벗어날 수 있다면, 더 이상 정신적인 고통은 없을 것이라 생각되오.

바울은 겉으로 보기에 육체적으로나 영적으로 말할 수 없는 고통을 겪은 사람처럼 보일 수 있소. 그러나 바울의 사역과 삶을 깊이 들여다보면, 그는 자신의 고난을 넘어서 남을 구원하려는 신념에 충실한 사람이었소. 고린도전서 9장 20~22절에서 바울이 "율법 아래 있는 자들을 얻기 위하여 율법 아래 있는 자처럼 되었고, 율법 없는 자들을 위하여 율법 없는 자처럼 되었다"고 고백한 것을 보면, 그는 철저하게 자신의 욕구와 자아를 넘어서 남을 구원하려는 데 집중한 사람이었소.

바울은 자신의 고통에 집중할 시간이 없었소. 그는 남의 고통과 구원을 생각하는 데 바빴고, 그 때문에 자기 자신의 고충을 생각할 여유가 없었소. 바로 이것이 바울이 고통으로부터 자유로워질 수 있었던 비결이오. 남을 위해 헌신하고 섬기며, 자신의 고통을 잊고 오직 그리스도의 복음을 전파하는 데 집중했기에, 그는 고통 속에서도 자유를 얻었소.

내 것을 찾으려고 애쓰면 할수록, 고통은 더 깊어지고 헤어날 수 없게 되는 법이오. 이는 우리의 욕심과 집착이 오히려 고통의 근원이 되기 때문이오. 조울 상태에 빠지게 되고, 마음의 평화를 잃게 되는 것이오.

"내 것"이라는 것은 사실상 남이 없으면 성취될 수 없는 것이오. 우리가 생각하는 나의 의로움이란 결국 나의 믿음을 남에게, 나아가 하나님에게 인정받기 위한 행위일 뿐이오. 만약 그 인정이 주어지지 않거나, 그 인정이 부족하게 느껴지면, 우리의 교만은 상처를 입게 되고, 그로 인해 정신적 고통이 생겨나지 않겠소?

이 때문에 우리는 남의 인정을 받기 위해 불신자는 돈과 명예를 추구하고, 신자는 열심히 의로움을 쌓아 하늘까지 닿으려는 노력을 하오. 그러나 바울은 그와는 정반대의 길을 걸었소. 고린도전서에서 바울은 복음을 전하면서도 권리를 행사하지 않고, 그저 복음을 값없이 전하는 것만으로도 충분하다고 했소. 이것이 바로 바울이 선택한 진리의 길이었소.

바울이 말한 "내 상이 무엇이냐"(고린도전서 9:18)를 보면, 그는 복음을 전하고도 그 대가를 요구하지 않는 것, 즉 자신의 권리를 행사하지 않는 것이 상이라고 하였소. 그에게 있어서 진정한 상은 세상적인 인정이나 보상이 아니라, 오히려 이 세상에서의 고통의 늪에서 해방되는 것이었소. 이것이야말로 참으로 역설적이지 않겠소? 이 역설적인 길이야말로 진리의 길이며, 우리가 그 길을 향해 나아가야 할 것이오.

이번 주(3일) 예배에서 욥기 40장을 다루신 이야기가 참 인상적이오. 당신이 겪고 있는 고통을 통해서, 욥기 40장과 41장의 의미가 어렴풋이 이해되기 시작했소. 하나님께서 욥에게 하신 말씀, "네가 만일 교만한 자를 발견하여 낮추고 진노로 그를 땅에 묻을 수 있다면, 네 오른손이 너를 구원할 수 있다고 인정하리라"는 말씀이 의미심장하오.

욥은 위엄과 존귀로 스스로를 꾸미고, 영광과 화대로 스스로를 입혔다고 하나님께서는 말씀하고 계시오. 이는 욥의 마음속에 있는 교만과 자만을 지적하는 것이오. 욥의 잘못은 엘리후가 말한 대로, 하나님보다 자기가 의롭다고 여긴 것이었소. 사실 욥은 하나님의 은총을 받을 때에도 동방의 의인으로 불렸고, 사탄의 그 혹독한 시련 속에서도 입으로 죄를 범하지 않은 진정한 의인이었소. 그러나 그가 스스로의 의로움을 지나치게 확신한 것이 문제였소.

욥은 자신이 의롭기 때문에 하나님으로부터 구원을 받을 것이라 믿어 의심치 않았소. 그리하여 자신의 의로움으로 스스로를 단장하고, 위엄과 존귀와 영광으로 스스로를 입히려 했던 것이오. 그러나 하나님은 욥에게 그 의로움이 구원의 조건이 아님을 상기시키며, 인간의 교만함을 꺾으려 하셨소.

욥이 스스로의 행위, 즉 "내 것"을 통해 구원을 얻으려 했다는 점에서 그의 교만이 드러났소. 욥은 자신의 의로움을 단장하고, 악과 싸워 이기는 것으로 구원을 얻을 수 있다고 생각했소. 그러나 바로 그 점이 하나님께서 지적하신 교만이었던 것이오. 하나님께서는 욥에게 "네가 너의 교만을 스스로 발견하여 해결할 수 있다면, 네가 네 자신을 구원할 수 있다"고 하셨소. 이는 인간이 하나님의 구원과 같은 능력을 가질 수 있다는 의미였지만, 실제로는 처음부터 불가능한 일이었소.

바울의 가르침에서도 이 점이 분명하게 드러나고 있소. 자기가 자기를 구원하려는 시도는 본질적으로 교만이 내포되어 있기 때문에, 그 속에 있는 교만을 제하는 것은 어떤 방식으로도 불가능하오. 인간이 "내 것"에 집착하고 그것을 붙잡고 있는 한, 하나님의 구원과 자유함을 얻는 것은 불가능한 것이오. 나의 의로움이 존재하는 한, 나의 영적 죽음이 함께하는 것이오.

하나님께서 하마와 악어를 단련하는 것에 비유하신 것은, 인간이 스스로를 이기고 죄와 악을 제어하는 것이 얼마나 어려운지를 보여주는 상징적 표현이오. 우리 마음속에는 끝없는 악이 도사리고 있소. 불신, 시기, 간음, 미움 등 수없이 많은 악들이 서로 얽혀 있으며, 하나를 제어하면 다른 악이 튀어나오고, 그것들이 끝없이 반복되오. 인간은 스스로의 힘으로 이 악들을 다스릴 수 없으며, 결국 위선자의 모습으로 죄만 쌓이게 되는 것이오.

우리가 스스로를 티 없이 맑게 하려는 것은 불가능하오. 이 세상에 그러한 사람은 없소. 만약 모든 악을 제거했다 하더라도, 그 순간 우리는 "나는 의인이다"라는 생각에 빠지게 되고, 그 교만은 가장 큰 장애물이 되오. 오히려 모든 악과 싸워 이긴 자가 가장 교만한 자가 될 수 있으며, 그런 자가 하나님께서는 가장 위험하다고 경고하신 것이오.

이 교만은 악어와 같소. 악어는 단단한 방패로 무장하여, 그 의로움과 교만을 포기할 수 없는 존재로 상징되오. 그 교만은 마치 하늘까지 닿을 만큼 거대해지고, 누구도 찔러서 그 방패를 뚫을 수 없소. 결국, 그것은 바벨탑과 같은 것이 아니겠소? 이런 교만은 이 세상뿐만 아니라 저 세상에서도 두려워할 것이 없다고 느끼게 만들며, 그 교만을 꺾을 것이 아무데도 없는 상태에 이르게 되는 것이오.

용처럼 하나님 앞에 다시 돌아가는 길, 그 교만의 왕이 이끄는 무리 속에서 바리새인들이 예수님을 모심으로 변화되는 길은 참으로 중요한 교훈이오. 바울처럼, 바리새인으로서 자기를 의롭다 여기던 자가 예수님을 만나고 그의 삶이 완전히 변화된 것을 우리는 잘 알고 있소. 잘못 해석한 부분이 있다면 지적해주기 바라오. 편지의 내용은 공개하지 마시오. 이러한 이야기들이 오해를 불러일으키지 않도록 주의해주기 바라오. 하나님께서 우리 모든 식구에게 평안과 축복을 주시기를 기도드리오.

스무 번째 편지

당신의 26번째 편지를 반갑게 받았소. 당신이 편지에서 요즘 말씀도 잘 못 보고, 기도도 잘 안 된다고 했는데, 나도 비슷한 상태인 것 같소. 이번 주에는 시편 91편으로 예배를 드렸소. 상민이 편지에 적어 보낸 말씀을 가지고 예배를 드렸는데, 영적으로 공허해서 당신에게 편지도 못 쓰다가 오늘에서야 이렇게 답장을 하게 되었소.

내가 미국에 온 지도 벌써 6개월이 넘었소. 그동안 내가 느낀 것은, 미국이 물질적으로는 풍요할지 모르지만, 정신적으로는 많은 문제가 있는 나라라는 것이오. 미국인의 자유사상은 방송을 통해 퍼지고, 개인주의는 향락으로 치닫고 있으며, 평화사상은 안일로 나타나는 것 같소. 이런 모습을 보며, 인간의 힘만으로 이러한 문제들을 해결하는 것은 불가능하다는 생각이 드오.

현재의 미국은 한때 청교도 정신을 바탕으로 형성되었소. 그러나 그 정신이 사라진 지금, 남은 것은 안일과 방송, 그리고 향락에 대한 갈망뿐인 것 같소. 물론 모든 미국인이 그렇다는 것은 아니지만, 중고등학생들의 3분의 2 이상이 마리화나를 피우고, 난잡한 성 관계를 가지며, 장래를 위해 열심히 노력하지 않는다는 사실은 이 문제를 단적으로 보여주고 있소. 놀라운 것은 사람들이 마리화나를 그렇게 나쁜 것으로 보지 않는다는 것이며, 오히려 이득이 있다고 생각하는 이들도 있다는 점이오. 성(性)에 대해서도 많은 이들이 그것을 단순히 향락의 도구로 여기고, 이를 당연하게 받아들이고 있소.

　또한, 많은 사람들이 미래를 위해 열심히 절약하는 것보다 현재를 즐기는 것이 더 중요하다고 여기는 풍조가 만연해 있소. 이는 마치 새 사냥꾼의 몰락처럼, 쾌락이라는 미끼로 사람들의 영혼을 빼앗고 있는 것이오. 이 풍조가 전염병처럼 미국 전역에 퍼지고 있는 것 같소. 다만 나이 든 노인들 사이에서는 조금 덜한 편이오.

　그러나 젊은 사람들일수록 이러한 사상은 더욱 만연해 있소. 교회가 그 사실을 여실히 증명하고 있소. 대부분의 전통적인 교회들은 문을 닫거나, 곧 닫아야 할 상황에 놓여 있소. 문을 열고 있는 교회들마저도 대부분 노인들만이 나오고 있으며, 성가대 역시 노인들로 채워져 있소. 그나마 규모가 있는 큰 교회들은 TV로 중계되곤 하지만, 그것은 이미 교회라기보다 예수님의 이름을 빌린 쇼 무대에 가깝고, 혹은 하나님의 진노에 대한 불안을 달래는 위로 파티 같은 모습이오. 내가 보기엔 그런 것 같소.

정말로 그 프로그램을 보고 있으면, 마치 가증한 것이 있어서는 안 될 곳에 서 있는 느낌이 드오. 이 모든 현상이, 이들이 지존자의 은밀한 곳에 거하지 않기 때문인 것 같소. 쾌락을 추구하는 자들에게 전능자는 부담이 되는 존재일 뿐이오. 그분을 부인하지 않고는 마음 놓고 쾌락을 추구할 수 없으니 말이오. 시편 91장은 바로 이런 상황에 대한 말씀을 하고 있는 것 같소.

천 명이 네 곁에서, 만 명이 네 우편에서 엎드러질지라도, 이 재앙을 피하려면 지존자를 거처로 삼아야 하오. 지존자를 버렸을 때는 사냥꾼의 덫에서 벗어날 수 없는 것이오. 시편 91장은 이 세상에서 살면서도 이 세상을 초월하는 방법을 가르쳐 주는 것 같소. 또한 그렇게 함으로써 단순히 세상의 재앙에서 피하는 것뿐만 아니라, 그 재앙을 극복하고 물리치는 방법도 제시하는 것 같소. 그리고 하나님은 그것을 약속하셨소.

우리 마음속에 지존자가 없을 때, 어느새 흑암 속에서 재앙이 터지고, 대낮에 그것이 우리를 황폐하게 만들어 파멸로 이끄는 과정을 이곳에서 생생히 목격하고 있소. 상민이가 시편 91편 14절부터 16절까지 편지에 적어 보냈는데, 그 말씀이 이 나라의 현실과 나의 앞으로의 길을 잘 나타내는 것 같소. 하지만 이제 이 나라가 어떻게 돌이킬 수 있을지 의문이오. 서서히 종말이 다가오는 느낌이 드오.

당신 편지에 교회 식구들이 어렵게 지내고 있다고 했는데, 그들을 위해 우리가 함께 기도합시다.

스물한 번째 편지

당신이 보낸 3월 8일, 15일, 18일 편지를 한꺼번에 받아서 정말 기뻤소. 나는 3월 16일부터 4월 5일까지 방학이라 큰 마음 먹고 그랜드 캐니언으로 혼자 여행을 다녀왔소. 어제(17일에서 25일 사이) 무사히 돌아왔소. 처음에는 혼자서 오래된 차를 몰고 약 3,000km에 달하는 장거리 여행을 떠나는 것이 불안했지만, 미국을 더 알기 위해 모험을 감행했소. 차가 너무 오래돼서 중간에 고장이 나면 그냥 버리기로 하고 출발했는데, 그래도 하나님께서 돌봐주셔서 사고 한 번 없이 캘리포니아, 유타, 와우오나, 네바다의 네 주를 무사히 일주했소. 이곳의 명승지도 거의 다 보았소.

낯선 땅에서 홀로 모든 것에 부딪치며, 하나님께서 나와 함께 하신다는 사실을 더욱 깊이 깨달았소.

한 번은 자다가 꿈에 상훈이와 상민이를 보았는데, 상훈이가 혼자 일어서지도 못하는 꿈을 꾸고 나서 몹시 불안한 기분이 들었소. 그래서 다음 날 밤에는 더욱 조심해야겠다고 마음먹었소. 그날은 Zion Canyon에서 자기로 했는데, 경치도 좋고 시간이 남아서 산 정상까지 등산하기로 했소. 그런데 중간쯤 올라가다 실족해서 얼굴을 크게 다친 사람을 만났소. 그가 나에게 아들을 잃어버렸다며 찾아달라고 부탁하는 소리를 듣고, 문득 지난 밤 꿈의 의미가 떠올랐소. 오늘은 조심해야 한다는 생각이 들어, 결국 오르던 길을 되돌아 내려왔소. 나중에 가만히 생각해보니, 그 일이 Zion 산에 오르지 말라는 하나님의 계시였던 것 같소.

내려오면서 "우는 바위"라 불리는 Weeping Rock에 들렀는데, 그 바위에서 물이 떨어지는 소리를 들으며 마치 산 전체가 울고 있다는 느낌이 들었소. 그런데 공교롭게도 그 산의 이름이 Zion(시온) 산이어서, 많은 생각을 불러일으켰소.

이번 여행에서는 주로 사막 지역을 보았는데, 그중 대표적인 사막인 Joshua Tree라는 곳에 갔소. 선인장과 바위가 어우러져 정말 아름다운 정원을 꾸며놓은 것 같았소. 그러나 그 아름다운 정원에 물 한 방울도 없었소. 이곳의 자연 풍경은 아름다웠지만, 물의 부재가 주는 상징성은 깊이 생각하게 만들었소.

그랜드 캐니언(Grand Canyon)에서는 시뻘건 바위와 끝없이 펼쳐

진 낭떠러지를 보며 마치 지옥의 축도를 보는 듯한 기분이 들었소. 하지만 내가 도착했을 때 그곳에 아름다운 무지개가 걸려 있었고, 그 자연의 그림 속에서 하나님의 무한한 섭리를 깊이 깨닫게 되었소. 도중에 라스베이거스라는 곳에도 들렀는데, 밤에 현란한 네온 사인 아래에 감춰진 도박과 성, 마약 등 인간의 욕망으로 가득 찬 이 도시를 보면서, 물 한 방울 없는 Joshua Tree와 현란한 지옥의 축도와 같은 그랜드 캐니언이 자연스레 연상되었소.

무엇보다도 가장 인상적이었던 것은, 사막 한가운데를 달리다가 우연히 오아시스를 만났을 때였소. 마치 영화 속에서나 보던 것처럼, 몇 그루의 야자나무와 작은 섬이 있고, 그 주위는 온통 황량한 사막이었소. 그곳에서 아무도 없는 가운데 혼자 점심을 먹으며 잠시나마 큰 즐거움을 느꼈고, 당신과 아이들과 함께 이곳에 왔었으면 좋겠다는 생각이 간절히 들었소.

그동안 여행 중이라 예배를 제대로 드리지 못했는데, 월요일에 시편 1편을 가지고 혼자 예배를 드렸소. 이 장은 너무나 익숙한 말씀이라 간단히 보려고 펼쳤지만, 오히려 익숙한 구절일수록 그 뜻이 깊고 어렵다는 것을 깨닫게 되었소. 여기서 "복 있는 자"가 누구인가부터 막히기 시작했소. 시편은 그가 악인의 꾀를 따르지 않고, 죄인의 길에 서지 않으며, 오만한 자리에 앉지 않는 자라고 했소. 그리고 그런 자가 되기 위해서는 여호와의 율법을 즐거워하며, 늘 묵상하는 자라고 했소.

그런데 여기서 말하는 여호와의 율법이 무엇인지 궁금하였소. 율법주의자들은 그 율법을 잘 지키려 했지만, 결국 '회칠한 무덤'이 되었다고 했소. 이 점을 보면 우리가 성경에 나와 있는 법을 어떻게 이해하고 실천하느냐에 따라, 그 율법이 회칠한 무덤이 될 수도 있고, 하나님의 성전이 될 수도 있다는 생각이 들었소.

이러한 생각은 개인뿐만 아니라 교회에도 적용된다고 생각하오. 교회가 율법을 어떻게 이해하느냐에 따라 그 교회가 회칠한 무덤이 될 수도 있고, 하나님의 성전이 될 수도 있는 것이오. 우리는 율법을 지키는 교회가 반드시 하나님의 성전은 아님을 잘 알고 있지 않소. 그렇다면, 무엇이 무덤과 성전을 갈라놓는 기준이 되는가에 대한 의문이 생기오. 말씀을 보면, 그 기준은 율법을 늘 묵상하는 자세에서 비롯되는 것 같소.

하지만 우리는 율법이나 말씀에 대한 자신의 이해와 실천이 잘못되었음을 깨달을 때가 많소. 그 잘못의 핵심은 말씀을 하나님의 시각에서 이해하지 않고, 인간, 특히 자신의 시각에서 이해하는 데 있소. 말씀을 하나님을 위해 존재한다고 생각하는 것이 아니라, 나를 위해 있다고 여기는 태도가 문제라는 것이오. 하나님보다 나를 먼저 앞세우는 자세로 율법과 성경을 대할 때, 그 의미를 온전히 이해할 수 없게 되는 것이오.

이렇게 되면, 말씀을 자기중심적으로 이해하게 되고, 성경의 가르침을 "내가 이를 잘 이행하면 구원을 얻고 천국에 갈 것이다"라는 식으로 받아들이게 되오. 결국, 말씀을 하나님의 뜻이 아닌 "나를 위해 성경이 어떻게 쓰일 것인가"라는 관점에서 해석하는 것이오. 이러한 태도가 율법과 말씀을 자기중심적으로 변질시키는 이유라 생각하오.

율법 역시 마찬가지요. 성경은 하나님의 역사를 위해 쓰여진 것이고, 우리는 그 말씀을 통해 "내가 하나님을 위해 어떻게 쓰일 수 있는가"를 묻고 상고할 때 비로소 자신의 입장을 초월해 말씀을 깨닫게 되는 것 같소. 이 두 가지 방식은 얼핏 비슷해 보이지만, 그 차이는 하늘과 땅만큼 크오. 무덤과 성전의 차이처럼 말이오.

인간은 자신의 입장을 떠나는 것이 참으로 어렵소. 그래서 역사를 통해서도, 성경에서 말세가 언제 올지에 대한 경고를 찾아내어 구원받기 위해 집요하게 매달리는 모습을 보아왔소. 성경을 읽으며 '어떻게 하면 나를 구원할 수 있을까'라는 자기중심적인 질문을 던지면서 말이오. 그러나 예수님이 말씀하신 성경의 근본 정신은 사랑이오. "이웃이 나에게 무엇을 해줄 수 있을까"가 아니라, "내가 이웃을 위해 무엇을 할 수 있을까"라는 질문이 진정한 사랑의 실천이오.

즉, "나를 위해 이웃(혹은 말씀)이 어떻게 쓰일 수 있는가"가 아니라, "나는 이웃(혹은 말씀)을 위해 어떻게 쓰일 수 있는가"를 물어야 하오. 우리가 앞의 자기중심적인 태도로 이웃을 대할 때, 그 이웃의 진정한 요구나 상태를 결코 이해할 수 없듯이, 하나님의 진정한 뜻도 이해할 수 없소. 그렇게 되면 단지 자신의 욕심에 비춰 이웃이나 말씀을 판단하게 되는 것이오. 이웃을 쓸모 있는 사람으로, 또는 말씀을 따를 가치가 있는 것으로만 규정짓고, 마치 그것을 온전히 이해한 것처럼 착각하게 되는 것이오.

이런 식으로는 진정한 이웃 사랑이나 하나님의 뜻을 헤아릴 수 없소.

모든 것이 자신의 욕심에서 비롯되었음을 깨닫지 못하는 것이 문제요. 그것이 바로 악인의 죄요, 그 길에 서는 것이오. 자신이 장님이라는 것을 깨닫는다면 얼마나 다행이겠소. 그러나 이런 사람일수록 세상에서는 부자, 의인으로 높임을 받으며, 오만한 자리에 앉게 될 수밖에 없소. 그들의 가치관이 바로 그런 것에 맞춰져 있기 때문이오.

반면, "내가 이웃(말씀)을 위해 어떻게 쓰일 수 있을까"를 생각하는 사람은 항상 자신이 부족하고, 미안하고, 죄스러움을 느낄 수밖에 없을 것이오. 그러나 하나님은 그런 사람들을 복 있는 자로 여기시며, 그들은 늘 푸르고, 열매를 맺으며, 형통할 것이라고 말씀하시지 않았소. 이 말씀을 믿고 소망을 품는다면, 굳이 말세론이나 구원론을 찾아 헤매지 않아도 되지 않겠소.

당신이 보낸 편지에 적힌 모든 내용들이 나에게 큰 위로와 평안을 주었소. 정말 고마울 따름이오. 이제 우리가 아는 식구들을 위해 함께 기도하면서 이만 줄이겠소.

스물두 번째 편지

　이제 그곳은 완연한 봄 날씨겠구려. 이곳은 항상 여름이라 사계절에 대한 감각이 많이 무뎌졌소. 당신의 30번째 편지와 상훈이의 편지도 잘 받았소. 오늘(4월 1일) 아침 일찍 일어나 시간이 조금 있어 이렇게 당신에게 편지를 쓰고 있소.

　상훈이와 상민이가 틈틈이 책을 많이 읽을 수 있도록 도와주시오. 도서관에서 일정한 수의 책을 빌려와서 시간이 날 때마다 읽을 수 있도록 해주오. 책의 내용은 명작 소설이든 상식을 넓히는 것이든 다 좋소, 좀 어려운 책이라도 괜찮소. 아이들이 학교 공부에만 매이지 않도록 하고, 두 가지를 균형 있게 병행할 수 있도록 하오. TV보다는 재미있는 책을 읽는 것이 훨씬 더 큰 도움이 될 것이오.

　어제 주일을 맞아 시편 51장을 읽으며 예배를 드렸소. 이 장은 다윗이 선지자 나단의 책망을 듣고 자신의 죄를 깊이 회개하는 장면이오. 이번 주가 고난주간이라, 이곳에서는 예수님께서 우리의 죄를 대속하기 위해 십자가에 못 박혀 돌아가신 것을 기념하는 여러 행사가 한창이오. 이 행사를 보며 다윗의 회개가 떠올라 시편 51장을 묵상했소. 마치 이사야 53장에서 예언된 것처럼, "그는 실로 우리의 질고를 지고 우리의 슬픔을 당하였거늘" 그 당시 세대 중에 누가 그것을 진정으로 알았겠소? 제자들조차 그 뜻을 알지 못했소. 이 시대도 다르지 않소. 그분의 고난과 희생을 진정으로 아는 사람이 얼마나 있겠소.

나 자신도 그저 "아, 그런가 보다"라고 생각할 때가 있소. 그러나 그의 찔림이 우리의 허물 때문이고, 그의 상함이 우리의 죄악 때문임을 얼마나 깊이 깨닫고 있는지 의문이 들 때가 많소. 때로는 유다처럼 그분을 팔아넘기는 행위만을 반복하고 있는 건 아닌가 하는 생각도 든다오.

우리가 성경 말씀을 쓰거나 묵상하는 행위마저도 그를 파는 행위가 아닐까 의심하게 될 때가 있소. 예수님이 제자의 배반을 예고하셨을 때, 유다가 "제가 그 사람입니까?"라고 물었을 때, 예수님께서는 "네가 말하였다"라고 답하셨지 않소. 오늘날 우리가 같은 질문을 되풀이한다면, 우리도 그 말에 해당되지 않을 자신이 있겠소? 오히려 예수를 모르는 사람들은 이 말과 무관할 것이오. 그러

나 예수를 잘 믿는다고 여기는 사람들, 특히 목사들일수록 이 말씀은 참으로 무서운 비수가 될 수 있소.

오늘날 우리는 모두 "설마 내가 그럴 리 없지" 하며 마음속에서 스스로를 위로하거나, 위장된 신앙으로 "나는 아니겠지요?" 혹은 "나는 상 받을 의인이지요?"라고 묻고 있소. 그러나 그 당시 제자들처럼 "내가 예수를 판 자"라고 자복할 사람은 누가 있겠소? 대부분의 사람들은 겉으로나 속으로나 자신이 예수님 앞에서 의인이라고 자처하지 않겠소.

그렇다면, 우리에게 주어진 질문은 이거요. 우리의 허물은 무엇이며, 우리의 죄악은 무엇인가?

예수님이 십자가에서 고통을 받으신 이유는, 그분이 우리의 죄를 대신하여 대속하기 위해서였소. 예수님이 돌아가실 당시, 누구도 예수님을 죽이는 일에 전적으로 무관한 사람이 없었소. 인간은 모두 자신들의 세상적 이해타산을 따라 각자의 방식으로 예수님을 못 박는 일에 동참하였소.

바리새인들은 자신들의 종교적 권위와 하나님 앞에서의 지위를 유지하기 위해 예수님을 죽이려 하였고, 빌라도는 죄 없음을 알면서도 자신의 세상적 지위를 유지하기 위해 무리를 따랐소. 그리고 군중들은 권력자들 앞에서 자신의 안전을 보장받기 위해 그 일을 묵인했소. 제자들조차도 자신에게 닥칠지 모르는 위험을 피하기 위해 예수님을 배반하거나 도망쳤소. 결국, 모두가 각자의 이익을 위해 그분을 십자가에 못 박는 일에 가담했던 것이오.

지금의 시대도 그때와 다를 것이 없소. 우리 모두는 세상의 이해타산에 휘둘리며, 때로는 예수님을 배반하고 그분을 외면할 때가 많소. 그러나 다윗은 자신의 죄를 깨닫고 자복했으며, 상한 심령으로 하나님 앞에 나아갔소. 그는 하나님께서 상하고 통회하는 마음을 기뻐하시며, 그 마음을 정결하게 씻어주실 것을 믿었소. 또한, 하나님께서는 제사나 번제를 원치 않으시고, 진정으로 상한 심령을 원하신다고 했소. 그 이유는 그 상한 심령 안에 진실함이 있기 때문이오.

예수님 당시 사람들의 피흘림의 죄악이 하나님의 뜻에 따른 것이라면, 오늘날도 마찬가지일 수 있겠소. 제자들은 통회를 통해 새로운 기회를 얻었고, 그로 인해 완전히 새로운 사람으로 다시 태어날 수 있었소. 만일 그들이 통회의 기회를 얻지 못했다면, 그들은 예수님의 사람이 되지 못했을 것이오. 오늘날 우리가 다른 사람을 비방하고 비판하며, 자신의 입장에서 그들을 인도하려 한다면, 그 것은 예수님을 다시금 파는 행위와 같고, 그분을 또 한 번 십자가에 못 박는 것이 아니겠소?

예수님은 어디에 계시오? 우리는 그 사실을 알면서도, 입에서는 비방과 비판, 독선과 아첨이 끊이질 않으니, 참으로 아득한 마음이 드는 것이오. 더욱이 그런 마음을 가지고 있으면서도 중심에서 진정으로 통회하는 심령이 되지 못하니, 이 상태가 어떡하겠소. 나도 나단이 내게 와서 나를 책망하고 회개할 수 있는 기회를 주기를 간절히 기도하고 싶소.

이곳은 날씨가 우리 한여름처럼 무덥소. 벌써 이렇게 더운데, 앞으로 얼마나 더 더울지 두렵기만 하오. 그럼 우리 집안의 평안을 위해 하나님께 기도드리며 이만 줄이겠소.

스물세 번째 편지

오늘 주일을 맞아(4월 7일) 혼자 예배를 드리고 나서 당신에게 펜을 들었소. 이번 주에는 어쩐 일인지 당신의 편지가 아직 도착하지 않았소. 요즘은 책을 수집하고 자료를 정리하면서 시간을 보내고 있소. 또 몇 강좌의 강의도 듣고 있소. 그래도 다른 일이 없어서 시간이 여유롭소. 그럴 때면 앞으로 내가 걸어가야 할 학문의 방향에 대해 생각하곤 하오.

내 나이도 벌써 45세를 넘었는데, 지금까지 내가 무엇을 해왔는지 돌아보면, 마치 분주하게 무언가를 했던 것처럼 왔다 갔다만 했지, 정작 이룬 것은 아무것도 없다는 생각이 들 때가 많소. 한 가지도 끈질기게 집중하지 못하고, 공연히 시간만 낭비한 것 같아 중년을 넘어선 지금, 그런 나 자신에게 실망과 회의를 느끼게 되오. 한편으로는 조급함과 초조함이 나를 엄습해 오기도 하오.

이제 내가 서야 할 자리, 가야 할 방향이 어디인지 고민이 많소. 해야 할 일은 많은 것 같은데, 그 길이 막막하게만 느껴지오. 과거의 실수를 반복하지 않고 나아갈 방향을 어디에서부터 찾아야 할지 알 수 없소. 단 한 가지 분명한 것은, 더 이상 시행착오를 할 시간이 없다는 것이오. 이제는 정말로 집중하고, 한 가지에 몰두해야 할 때인 것 같소.

내가 이곳에서 자료를 모으고 있는 주된 방향은 두 가지요. 하나는 '정남자'(情南仔)와 관련된 자료이며, 다른 하나는 '웅환성성'(熊渙成成)에 관한 것이오. 앞의 자료는 언젠가 내가 한국인의 인간 단계를 이 관점에서 재조명하고 싶어 모으고 있는 것이며, 태도 형성에 대한 관심은 원래부터 갖고 있었소. 이는 타인이나 상황을 판단하는 "마음의 척도"를 밝혀내기 위한 목적을 가지고 있소. 하지만, 이 두 가지 과제가 이곳 학계에서는 아직 관심 밖의 주제들이라 자료 수집에 어려움을 겪고 있소.

때로는 이 문제들이 정말 학문적으로 중요한 주제가 될 수 있을지 의구심이 들 때도 있소. 또한, 이것들이 과연 내 힘으로 밝혀질 수 있는 문제인가에 대해서도 회의가 들 때가 있소. 내가 지금의 위치에서 다른 모든 것을 제쳐두고 이 두 가지 주제에 집중하는 것이 과연 옳은 방향인가, 내 능력과 현재의 학문적 흐름에서 볼 때 잘못

된 선택을 하고 있는 것은 아닌가 하는 생각이 들기도 하오.

이곳 학자들과 상의해보고 싶어도, 그들은 이런 주제에 관심이 없고 남의 일에 신경을 쓰지 않는 사람들이라 진지한 조언을 얻는 것은 처음부터 불가능하다는 것을 알고 있소. 만약 그들과 경쟁하려면 그들이 다루는 문제들을 연구해야 할 텐데, 나는 날이 갈수록 그들의 연구 방향에 대해 흥미를 잃고 있소. 그들의 방식이 나에게는 식상하게만 느껴지오.

이곳에서 내가 해결하고자 하는 문제에 대한 확신을 얻고 돌아가야겠는데, 그러한 확신을 주는 사건이 좀처럼 오지 않고 있소. 그 이유는 아마도 내 능력이 부족해서 문제를 명료하게 해결하지 못하는 데 있을지도 모르겠소. 이런 생각이 들 때면, 내 능력에 맞춰 이곳의 새로운 학문을 한국에 소개하는 방향으로 자료를 수집하는 것이 오히려 우리 학술에 더 기여하는 길이 아닐까 하는 생각이 들 때도 많소. 그러나 그러한 길도 영어 실력 문제나 내 마음의 준비가 부족해서, 여의치 않다는 현실에 부딪히면, 내가 지금까지 무엇을 하며 시간을 보냈는지에 대한 자책감에 사로잡히곤 하오.

그런 생각들이 쌓이다 보면, 내가 앞으로 가야 할 방향에 대한 암담함이 밀려오고, 내 밑에서 자라고 있는 제자들이 불쌍하게 느껴지오. 최소한 그들은 나와 같은 전철을 밟지 않게 해야겠다는 마음이 간절하지만, 그마저도 어떻게 해야 할지 판단이 서지 않소.

50대에 이르렀는데도 "나의 길"에 대한 방황이 계속되니, 때때로 나 자신이 원래 그러한 그릇이 아닌 것은 아닌가 하는 회한이 들 때가 있소. 그런 순간에는 이곳 학자들의 자신만만함이 정말 부러워지오. 그들은, 어쩌면 그들만의 합리화일지 모르지만, 이런 방황을 거치지 않고도 학문을 할 수 있으니 말이오. 그러면서도 내가 속한 나라가 학문적 식민지 상태에 있다는 현실을 깨달으면, 내가 무엇을 해야 할지가 분명해지기도 하오. 후학들을 위해 학문적 식민 상태에서 벗어날 길을 제시해야 한다는 이상 말이오.

하지만 현실로 돌아오면, 다시 그들의 학문적 방법론에 압도당하고 있는 나 자신을 발견할 따름이오. 그래서 학문적 종속에서 벗어나는 길조차도 확신이 서지 않는 상태에 빠지곤 하오. 이러한 상황에서, 무엇이 나의 판단을 온전하게 할 수 있을지 고민이 깊어지오.

전도의 1장을 묵상하며 예배를 보았소. "해 아래에서 행하는 모든 것이 헛되다"는 말씀이 참으로 깊은 여운을 남겼소. 그렇다면 내가 앞서 늘어놓은 고민과 넋두리도 결국 모두 헛되고, 무익한 수고만 더해 괴로움만을 안겨주는 것이라는 의미일 수 있겠소. 사실, 차분히 생각해보면 그런 것 같소. 피조물인 인간이 하나님처럼 온전할 수 없으니, 인간이 하는 모든 수고가 하나님 보시기에는 헛된 것일 수밖에 없소. 손오공이 부처님의 손바닥 안에서 경주하는 것처럼, 결국은 제자리라는 것이오.

이제까지 인간이 만들어 온 제도나 지식 중 온전한 것은 하나도 없었으며, 있을 수도 없소. 시대와 상황이 변할 때마다 우리는 새로운 답을 찾아내려 하지만, 그 끝없는 순환 속에서 인간은 여전히 절대적인 진리를 추구하며 헤매고 있소. 그러나 피조물로서 우리가 하는 모든 것은 온전하지 않기 때문에, 족함을 느끼지 못하고, 그 피로감은 끝이 없을 것이오.

우리가 절대적인 지식이나 제도를 인간의 힘으로 찾을 수 없다는 것은, 결국 우리 인간의 한계이자 조건 때문이오. 육체를 입고 태어난 우리는 그 한계 안에서 살 수밖에 없소.

육은 욕정이오, 그리고 그 욕정은 인간으로 하여금 온전한 지식을 가리는 장막이 되오. 그것이 바로 죄요. 그런 의미에서 우리 모두는 장님이요, 귀머거리인 셈이오. 우리가 보는 것은 진리를 온전히 보는 것이 아니며, 장님임에도 불구하고 자신이 모든 것을 정확히 보고 있다고 여길 때, 우리는 결국 헛된 것에 종노릇하게 되는 것이오.

솔로몬이 말한 "모든 것이 헛되다"는 깨달음은 결국 하나님께로 향하는 첫걸음이오. 인간이 자신의 유한함과 세상의 헛됨을 진정으로 깨달을 때, 비로소 하나님을 찾게 되지 않겠소? 그러나 세상의 모든 것이 헛되다는 것을 진정으로 깨닫는 일은 결코 쉬운 일이 아니오. 우리는 입으로는 "모든 것이 헛되다"고 말하지만, 여전히 부귀와 명예, 성공에 대한 집착에서 벗어나지 못하오. 이러한 집착은 우리를 세상에 묶어두고, 그 집착에서 벗어나지 못하는 한, 우리가 아무리 "헛되다"고 말해도 그 말 자체도 헛된 것임을 깨닫지 못할 때가 많소.

진정으로 인간의 모든 행위가 헛되다는 것을 깨닫고 나아갈 수 있는 사람은 결국 모든 것을 버릴 수 있는 자이오. 이 "자기"에 대한 포기가 없으면, 우리는 예수님을 우리 안에 모셔 들일 수 없소. 자기를 비워낼 때 비로소 예수님이 우리 안에 채워지며, 우리는 예수님이 거하시는 성전이 되는 것이오. 이 과정에서, 나는 죽고 예수님만이 살게 되니, 우리는 피조물의 위치에서 하나님의 아들의 위치로 옮겨지며, 참된 온전한 지식을 얻게 되는 것이오. 그것이 바로 사랑의 깨달음이오.

모든 것이 허무하다는 깨달음으로부터 다시 모든 것이 온전하고 충만함으로 채워졌다는 깨달음으로 나아가는 이 과정은 역설적이지만, 그리스도인의 진리이오. 이 과정이 바로 부활의 본질을 담고 있소. 그리스도인의 부활은 예수님을 "덧입는" 것이오. 예수님을 덧입기 위해서는 내가 집착하던 모든 것을 다 버려야만 하오. 그러나 그것을 버리기 위해서는 먼저 그것들이 허무하다는 깨달음이 있어야 하오. 허무함을 깨닫지 못하면 어떻게 그 집착을 버릴 수 있겠소? 그리고 그 집착을 버리려면, 먼저 무엇인가에 집착할 대상이 있어야 하오. 그렇기에 인간은 생에 대한 집착을 먼저 경험하고, 그것의 허무함을 깨닫고 나서야 비로소 그 집착을 내려놓을 수 있는 것이오.

우리가 "몽학선생" 아래 있을 때는 이 생에 대한 집착을 쌓고, 율법을 좇아 살면서 죄를 알게 되는 것이오. 그러나 우리가 영적으로 장성하게 되었을 때, 그 집착이 헛되다는 것을 깨닫고, 그동안 쌓아온 집착거리를 버리게 되오. 그렇게 우리는 율법과 죄에서 해방되는 것이오. 따라서 집착이라는 것은 우리 모두가 반드시 거쳐야 할 과정이라는 것이오. 문제는 많은 사람들이 집착에서 출발해, 그 집착에서 벗어나지 못하고 결국 죄에 얽매인 채 인생을 마친다는 데 있는 것이오.

집착이 클수록, 그 집착에서 벗어나 깨달음을 얻었을 때 그 깨달음도 더욱 크오. 결국 우리는 집착을 통해 허무함을 알기 위해 집착거리를 만들어가는 것임을 깨달아야 하오. 이것이 참으로 아이러니한 것이오. 집착하지 않는 사람은 허무함을 깨달을 수 없다는 사실이 말이오.

　우리의 이 생에 대한 집요한 집착에서 벗어나게 해주는 것은 결코 우리의 힘이나 지식으로 되는 것이 아니오. 그것은 하나님의 뜻이오, 그리고 예수님의 성령이 우리를 도와주시는 것이오. 만약 우리가 자신의 노력과 공로로 이를 이뤘다고 착각하면, 우리는 바리새인과 다름없게 되는 것이오.

　허무하다는 깨달음은 우리의 수고의 값일 수 있소. 지금 당신의 학문적 번뇌와 수고가 그리스도적 진리에서 어떤 의미를 가지는지 명확하게 보이지 않는다고 하셨지만, 중요한 것은 이 길을 당신이 중단할 수 없다는 확신이 있다는 것이오. 허무하다는 깨달음에 이를 때, 예수님께서 당신을 도와 거듭나게 하실 것이란 믿음이 있는 것도 하나님의 뜻이라 생각하오.

　현 시점에서 당신이 할 수 있는 것은 바로 당신의 길을 계속 가는 것이오. 허무함을 깨닫는 그 순간까지, 그리고 그 깨달음이 당신에게 다가올 때까지 말이오. 인생의 조건은 종신토록 수고하여 그 소산을 얻는 것이며, 그것을 거역하고 거짓된 허무감에 사로잡히면 오히려 더 큰 문제를 초래할 수 있소. 잘못된 허무함의 이해는 자아를 돌이킬 수 없게 만들 수도 있소. 그 이유는 그에게 진정한 허무함을 깨닫게 해주는 집착거리가 없기 때문이오.

삶의 한가운데서 허무함의 의미를 이해하는 것은 정말 어려운 일인 것 같소. 당신의 말씀을 하나하나 음미하며, 기도 속에서 그 의미를 더 깊이 생각하고 지적할 수 있도록 하겠소. 귀국할 때쯤에는 마음에 확신이 차리라 믿는 믿음이 있기에 큰 힘이 될 것이라 생각하오.

더 첨가해 해석할 부분들이 있다면, 기도 속에서 그 깨달음을 얻고 당신과 나누겠소. 하나님께 우리가 아는 이들 모두를 위해 기도드리며, 당신의 여정이 주님의 인도하심 속에 있기를 간절히 바라고 있소. 그럼 이만 줄이겠소.

스물네 번째 편지

　당신의 편지를 반갑게 받았소. 31통이나 되는 편지를 보내주신 당신의 사랑과 정성에 진심으로 감사하오. 6개월 동안 서른 통이 넘는 편지를 보내주었는데, 나는 과연 당신을 얼마나 생각했는지 되돌아보며 미안한 마음이 들었소.

　어제 주일예배를 드리며 아가서 5장을 묵상했소. 그 말씀을 읽으며 찬송가 86장과 480장이 떠올라 한동안 깊은 생각에 빠졌소. 아가서는 예수님과 친구가 되어 그와 동행하는 상태를 그린 것 같소. 여기서 예수님은 사랑으로 표현되었는데, 예수님과 동행하면 그 사랑 안에 거하게 되고, 그것이 곧 천국이며 동산이오.

　예수님의 사랑 안에 있을 때, 썩은 것이 썩지 않게 되는 기적이 일어나고, 예수님의 말씀과 피로 양목되어 충만한 사랑의 기쁨을 누리게 되오. 그 기쁨은 세상의 모든 썩은 것들을 사랑으로 변화시키려는 힘을 주오. 예수님의 첫 번째 계명인 "내 사랑 안에 거하여, 내가 너희를 사랑한 것처럼 너희도 서로 사랑하라"는 말씀은 바로 이러한 변화를 의미하는 것 같소.

우리가 서로 사랑할 때, 우리는 예수님의 사랑 안에 거하게 되고, 그와 동행하는 삶을 살게 되는 것이오. 그것이 바로 하나님의 동산 안에 거하는 유일한 길이오. 믿는 자들의 소망은 바로 내 안에 예수님의 사랑이 거하는 것이고, 그 사랑이 모든 것을 변화시키는 능력이라는 것을 다시금 깨닫게 되었소.

그 사랑이 우리 안에 항상 거하지 않음을 우리는 깨달아야 하오. 우리가 할 수 있는 일은 그저 마음의 문을 열어 놓고, 그 사랑이 언제든지 들어와 거할 수 있도록 깨어서 준비하는 것뿐이오. 그 사랑은 우리가 통제하거나 붙잡을 수 있는 것이 아니고, 순간적으로 우리 안에 찾아와 머무를 때 우리는 몰약의 향을 뿜으며 빛을 발하게 되오. 그러나 그 사랑을 "내 것으로" 하려는 순간, 이미 그것은 사라지고 마는 것이오.

본문 2절에서는 사랑을 찾아 헤매는 구도자의 길이 묘사되어 있는데, 이는 바로 우리가 사랑을 구하며 방황하는 상태를 잘 보여주고 있소. 사랑을 만나면 그 순간 내 혼이 나가는 것 같은 경험을 하게 되는데, 그것을 붙잡고 "내가 사랑을 얻었다"라고 말할 수는

없는 것이오. 사랑은 우리에게 와서 잠시 머무르지만, 우리가 그것을 소유하려 할 때, 이미 그 사랑은 사라지고 없는 것이오. 왜 그렇겠소? 사랑의 본질은 소유가 아니라, 주는 것이기 때문이오.

"사랑을 차지하려고" 하는 것은 결국 본질을 잃어버리는 것이오. 바울의 사랑장에서 이야기하듯, 사랑은 모든 것을 참고, 믿으며, 바라고, 견뎌야 한다고 하지 않소. 사랑은 우리에게 목표로 주어진 것이 아니라, 바로 그 과정 속에 숨어 있는 것이오. 바울은 사랑이 따로 있는 것이 아니라, 그 참음과 믿음, 견딤 속에 사랑이 깃들어 있다고 표현하고 있지 않소.

우리가 삶의 고난 속에서, 사랑하는 이를 찾기 위해 헤매고, 모든 어려움을 견디는 그 과정이 바로 사랑이 깃든 여정이라는 것을 깨닫는 것이 중요하오. 행순하는 자, 파수하는 자가 몸이 상하고 옷을 빼앗겨도, 남의 사랑하는 이를 돌보지 않고 나의 사랑하는 자를 찾아 헤매는 그 길에서 사랑은 함께하고 있소. 그것이 사랑의 본질이 아닐까 하오. 이 과정 속에서 사랑은 우리와 친구가 되어 동행하고 있다는 것을 누가 미처 알았겠소?

오늘 다소 추상적이고 어려운 이야기를 나눴지만, 그 깊은 의미를 당신과 함께 나눌 수 있어 기쁘오. 잘못된 부분이 있다면 지적해주기를 바라오. 예수님과의 만남을 위해 서로 기도하며, 당신과 아이들을 위해 매일 예배를 드리며 기도하고 있소. 건강에 유념하고, 다시 소식 전하기를 바라오.

스물다섯 번째 편지

지난주 당신이 아프다는 편지를 받고 정말 걱정이 되었소. 학기 초라 몸과 마음이 피곤할 시기이니 병에 걸리기 쉬울 텐데, 잘 회복하고 있는지 궁금하오. 몇 번 전화를 걸까 고민하다가 곧 편지가 올 것 같아 망설였소. 상훈이와 상민이가 시험을 잘 봤다니 반갑소. 이번 학기는 계속 그렇게 꾸준히 공부하도록 도와주길 바라오. 항상 마지막에 성적이 떨어지곤 했으니, 처음보다 나중이 더 중요할 것 같소. 이번 학기는 처음부터 끝까지 잘 마무리할 수 있도록 신경 써주길 바라오.

당신이 미국에 오지 않기로 결정한 것도 현명한 선택인 것 같소. 처음에는 당신과 함께 오는 것이 좋지 않을까 생각했지만, 이곳에 온 다른 교수들의 가족을 보니 그것이 오히려 힘든 결정일 수 있음을 알게 되었소. 말도 통하지 않고, 지리도 낯설어 집에만

머물게 되고, 주말에야 겨우 근처 여행을 다니는 모습이 마치 감옥 같은 생활처럼 느껴지더군. 영어 실력을 쌓는 것은 어느 정도 도움은 되겠지만, 회화에 대한 두려움을 줄이는 것이 주된 소득인 것 같소. 하지만 그 정도야 나중에 미국인들과 접촉할 기회가 생기면 2~3개월이면 충분히 극복할 수 있을 것이오. 하여간 당신과 상훈이가 오지 않기로 한 것은 잘한 결정 같소. 상훈이의 건강도 고려해야 하고, 사실 우리 처지에 돈을 많이 쓰며 여행할 상황도 아닌 것 같소. 이런 결정이 하나님 뜻이라 생각하니 마음이 한결 편안하오.

하나님을 믿지 않는다면, 우리가 번 돈을 아무런 죄책감 없이 자신의 욕망에 따라 쓸 수 있을지 모르겠지만, 믿는 자로서 우리는 그 돈이 하나님이 맡기신 것이라는 사실을 알고 있소. 우리는 단지 청지기일 뿐이며, 주변에 헐벗고 신음하는 이웃이 있는데도 불구하고, 그 돈을 자신의 욕망을 위해 사용하는 것이 얼마나 부끄러운 일인지 깨달아야 하오. 당신이 말씀하신 것처럼, 이 말이 가슴에 와 닿지만, 실제로 행하기가 얼마나 어려운지 모르겠소.

우리는 하나님께 축복을 간구하며 기도하지만, 막상 축복을 받으면 그것을 내 것처럼 사용하는 데 익숙해져 있소. 그 축복이 물질적인 것이든 정신적인 것이든, 그것이 하나님이 맡기신 것임을 잊고 사용하는 경우가 많소. 그리고 마치 세금 내듯이 십에 하나를 떼어 놓고 나머지는 자신의 것으로 생각하는 경우도 많소.

사실, 청지기로서 살아간다면 많은 것을 받는다는 것은 곧 무거운 책임을 짊어지는 것이오. 그러나 사람들은 그 책임을 생각하기보다는, 축복을 더 열심히 구하며, 그것을 자신의 유익을 위해 쓰려 하는 경우가 많소. 심지어 "하나님께 영광을 돌린다"는 명목으로 성전을 크게 짓거나, 성지를 순례하는 데 큰 돈을 낭비하기도 하오. 이 모든 것이 결국 자신의 욕망을 채우기 위한 행위가 아닌지 생각해볼 필요가 있소.

우리는 하나님으로부터 받은 달란트를 어떻게 사용하고 있는지 되돌아보고, 그것을 자신을 위해 낭비하지 않도록 늘 깨어 있어야 하오.

나 역시 그 입구에 들어선 것처럼 보일지 모르지만, 당신과 같은 고민을 하고 있소. 우리가 하나님께 청지기로서 살아가려면, 그 사실을 마음으로 받아들이고, 입으로 고백해야 하오. 그런데 입으로 시인하는 것조차 쉽지 않은 것이 사실이오. 그 고백이 있어야 비로소 행함이 뒤따를 수 있지 않겠소.

당신이 지적한 것처럼, 행함에도 여러 단계가 있는 것 같소. 우리가 빠지기 쉬운 함정은, 하나님을 위해 많은 일을 했다고 생각하면서도, 결국 자신의 의를 쌓는 데 그치고 마는 것이오. 하나님께서 우리에게 맡기신 달란트를 가지고, 그분으로부터 자신의 의로움을 인정받으려는 마음이 깔려 있다면, 그것은 이미 하나님의 것을 자기의 것으로 여겨 사용하는 것과 다를 바 없소.

종종 우리는 "하나님을 위해 많은 일을 하겠다"는 생각을 하지만, 그 속에 자기의 의를 빛내려는 욕심이 숨어 있지 않겠소? 모든 것이 하나님의 것임에도, 그분을 위해 일한다고 생각하는 순간, 그 행위가 사탄의 유혹에 빠질 수 있음을 경계해야 할 것이오. 신앙인들이 쉽게 빠지는 유혹은 바로 이러한 자기 의로움을 쌓으려는 마음이 아닌가 싶소. 진정으로 자신이 하나님의 청지기임을 깨달은 사람은 오히려 드러나지 않고, 말이 없으며, 돋보이지 않으려 할 것 같소. 그들이 행하는 일은 겉으로 화려하지 않겠지만, 진정으로 하나님의 뜻을 따르는 모습일 것이오.

이번 주(21일)에는 전도서 5장을 묵상하며 예배를 드렸소. 특히 5장 18절부터 이어지는 말씀에서, "사람이 하나님의 주신 바 그 일평생에 먹고 마시며 해 아래서 수고하는 모든 수고 중에서 낙을 누리는 것이 선하고 아름다움"을 발견하는 것이야말로 청지기의 삶을 잘 표현한 것 같소. 하나님께 더 많은 것을 달라고 구하지 않으며, 무언가를 이루겠다는 서원조차 하지 않고, 그저 받은 분복을 감사하며, 먹고 마시고 수고하는 것으로 삶의 기쁨을 삼는 모습이 진정한 청지기의 삶이 아닌가 싶소.

우리가 진실로 자신이 하나님의 청지기임을 깨닫는다면, 감사하지 않을 이유가 없겠소. 그 감사의 마음이 마치 질그릇 속의 기름처럼 흘러넘쳐, 우리의 이웃에게도 흘러갈 것이오. 그러나 현실을 돌아보면, 우리 주위에는 많은 사람들이 청지기의 삶을 잊고, 자신이 노력하여 번 것은 자신의 것이라 여기는 경우가 많소. 그래서 종신토록 재물을 쌓는 데 헛된 수고와 피곤 속에서 한세상을 보내고 있지 않소. 이는 믿는 자나 믿지 않는 자 모두에게 해당하는 것 같소.

믿지 않는 자는 이 세상의 재물을 쌓으며, 믿는 자는 하늘의 재물을 쌓으려 하지만, 결국 그 마음이 재물에 대한 집착에서 벗어나지 못하는 것 같소.

솔로몬이 말한 "해 아래서의 큰 폐단"은 참으로 우리 모두에게 경고하는 말씀인 것 같소. 6장 2절에서 부족함이 없이 하나님께 받았음에도 불구하고 능히 누리지 못하는 자를 언급한 것은, 어쩌면 바로 우리 자신을 지적한 것일 수도 있소. 우리가 소유욕에 휘둘리고, 하나님께서 주신 분복을 온전히 누리지 못하는 상황에 처한다면, 솔로몬이 말한 것처럼 우리는 낙태된 자보다 못하다는 경고를 새겨야 하오.

이 모든 폐단의 뿌리는 결국 우리의 소유욕에서 비롯된 것이오. 그렇기에 자신이 하나님의 청지기라는 깨달음은 정말 귀한 진주와도 같은 것이오. 5장 1절에서 "말씀을 듣는 것이 우매자의 제사 드리는 것보다 낫다"고 하였으니, 말씀을 듣고 묵상하는 것이 중요하오. 하지만 우리가 행하지도 못하는 말을 함부로 하는 것은 우매자의 소리가 될 수 있다는 경고도 있기에, 저도 이곳에서 더 많은 말을 하기보다는 실천을 고민해야겠소.

당신과 우리 식구들을 위해 매일 기도드리고 있소. 건강에 특히 유의하시고, 하나님께서 우리 가정을 지켜주시길 기도드리며, 이만 편지를 줄이겠소.

스물여섯 번째 편지

　당신의 34번째 편지 잘 받았소. 권사님의 일주기가 지나갔다는
사실을 당신의 편지를 통해 알게 되었을 때, 그동안 권사님을 잊고
삶에 쫓겨 지낸 나 자신이 부끄럽게 느껴지셨을 것이오. 또한, 권
사님의 뜻에 합당한 삶을 살지 못했다는 자책감과 그 뜻을 찾지
못해 방황하는 나 자신이 죄스럽게 느껴졌다는 말씀이 가슴에 와
닿소.

　부산에서 다시 예배모임을 갖는다는 소식도 나에게는 충격이었
소. 무엇이 가야 할 길인지 갈피가 잡히지 않아 한동안 멍하였소.
당신의 편지를 토요일에 받고 이번 일요예배는 권사님의 뜻을 분
명히 깨달아 알게 해주실 것을 간절히 소망하면서 임하였었소. 그
러나 말씀은 룻기를 다시 보아야 한다는 데에 이르렀으나 그 내용
은 하나도 깨달아지지 않았소.

부산에서 다시 예배 모임을 갖는다는 소식이 당신에게 충격이 되었고, 무엇이 가야 할 길인지 갈피를 잡지 못해 한동안 멍하셨다는 마음이 느껴집니다. 권사님의 뜻을 분명히 깨닫고자 간절한 마음으로 일요 예배에 임하셨지만, 룻기를 다시 읽으라는 말씀이 있었음에도 그 의미가 분명하게 다가오지 않았다는 것은 분명한 시련으로 느껴졌을 것이오.

룻기의 '기업을 부르는' 대목이 지금 이 시점에서 무엇을 의미하는지, 그것이 권사님의 뜻과 어떻게 연결되는지 고민이 깊소. 룻이 나오미를 만남으로 남편을 얻고 잃었으며, 나오미는 자식에 대한 모든 소망이 끊어진 상태에서 자부들을 향한 측은함을 가지고 모압으로 돌아가 남편을 구하라고 권한 것은 참으로 복잡한 감정을 담고 있는 대목이오.

나오미는 아무것도 할 수 없는 늙은 노모로서 자부들에게 해줄 수 있는 것이 거의 없었고, 그로 인해 더 큰 마음의 고통을 겪었을 것이오. "나는 너희로 인하여 더욱 마음이 아프다"는 나오미의 말은, 자부들이 자신의 상황 때문에 더 이상 고통받지 않기를 바라는 절실한 마음을 나타내는 것 같소.

"모든 소망이 끊어진 곳"에서 우리는 정말로 어떻게 해야 할지 고민할 수밖에 없소. 돌아가는 것이 가장 자연스러운 선택일 수 있

소. 오르바가 그랬듯이, 눈에 보이는 소망이 사라질 때 우리는 자주 익숙한 곳으로 돌아가려 하오. 그러나 룻은 그렇지 않았소. 그녀는 나오미의 처지를 너무나도 깊이 이해했고, 나오미가 더 이상 줄 수 없는 상황에서도 그녀를 떠나지 않기로 결심했소.

룻이 자식을 향한 소망을 포기하고 나오미를 쫓아간 것은, 종교적 삶을 포기하는 것이자 자신의 미래를 모두 내려놓는 선택이었소. 나오미의 백성을 자신의 백성으로, 나오미의 하나님을 자신의 하나님으로 삼는 길을 택한 것은 인간적인 소망을 버리고, 하나님께 전적으로 의지하는 신앙의 길을 걷는 것이었소.

베들레헴으로 향하는 길은 아무런 보장도, 소망도 없는 길이었소. 그러나 룻이 선택한 길은 나오미에 대한 지극한 사랑과 믿음에서 비롯된 것이었소. 눈에 보이는 소망이 사라졌을 때도, 그 사랑과 믿음이 그녀를 지탱해 주었고, 결국 룻은 그 믿음을 통해 하나님의 더 큰 섭리를 이루게 되었소.

우리가 여기서 배울 수 있는 것은, 눈에 보이는 소망이 모두 끊어졌을 때 진정한 믿음이 온다는 것이오. 눈에 보이는 것을 믿는 것은 진정한 믿음이 아니며, 우리가 진정으로 신뢰해야 할 것은 보이지 않는 하나님의 섭리라는 것이오.

우리가 권사님을 따르면서, 얼마나 권사님을 믿었는지 되돌아보아야 하오. 그리고 이제는 권사님의 눈에 보이는 가르침이 사라진 시점에서, 그분이 우리에게 남긴 진정한 믿음과 사랑을 찾아 나아가는 것이 중요하오.

우리가 참으로 회개해야 할 것은, 눈에 보이는 것을 믿고자 했던 우리의 모습이 아니겠소. 의식적이든 무의식적이든 우리는 권사님을 시험하고, 그 결과에 따라 믿음을 확립하려 했던 적이 있었소. 그러나 그런 믿음은 참된 믿음이 아니오. 권사님은 그런 믿음의 방식을 깨뜨리기를 원하셨소. 그렇지 않다면, 권사님의 뜻을 이어갈 자가 없게 될 것이오. 눈에 보이는 소망이 사라지면, 그에 따라 믿음도 쉽게 무너질 수 있기 때문이오.

그래서 권사님은 남편을 다 파하시고, 다시 남편을 얻을 수 없게 하셨소. 그것이 바로 소망이 끊어진 자리였소. 우리는 이제 그 소망 없는 자리에서 어떻게 해야 할지 생각해야 하오. 당신이 말한 대로, 다시 돌아갈 길은 없소. 룻이 선택한 길이 우리에게 한 가닥 빛을 주는 것 같소. 룻이 노모와 함께 베들레헴에 도착했을 때, 보리추수가 막 시작된 때였소. 보리추수는 단순한 농작물 수확이 아니라, 기아의 절정에서 다시 소생하는 희망을 의미하오. 보리 이삭이 익기까지 기다리는 보릿고개를 지나면서, 사람들은 절망 속에서 소망을 기다렸소. 보리추수는 그러한 절망에서 벗어나 다시금 살아날 수 있는 구원의 상징이오.

　당신이 사무엘하 21장의 이야기를 떠올리며 보리 추수를 시작할 때 비가 내렸다는 말씀을 하니, 그 상징이 참으로 깊게 와 닿소. 사울이 하나님과의 약속을 어기고 3년 동안 기근을 겪은 후에야, 비로소 보리 추수가 시작되며 회복이 찾아왔소. 우리는 얼마나 오랜 기근을 겪어야 할지 모르지만, 결국 베들레헴에 도착하게 될 것이라는 믿음을 가져야 하오. 베들레헴은 보이지 않는 실상을 믿고 나아가는 자에게 새로운 소망을 탄생시켜주는 장소요. 이 소망은 단순히 보이는 것을 믿고 쫓아가는 소망과는 근본적으로 다른 것이오. 하나는 이방신을 쫓는 소망이며, 다른 하나는 하나님을 쫓는 소망이니, 그 차이는 분명하오.

　그래서 우리는 모압을 떠나 베들레헴으로 나아가야만 하오. 나오미는 그 길을 안내하는 자였고, 룻에게 새로운 남편을 만나게 하는 다리 역할을 했소. 나오미의 기업이 없다면 보아스는 룻의 남편이 될 수 없었을 것이오. 보아스는 나오미의 기업을 무를 자로서, 룻에게 새로운 소망을 주는 역할을 하였소. 그러나 룻이 보아스를 남편으로 맞이하기까지의 과정은 단순하지 않았소. 그 과정 속에도 여전히 시련과 어려움이 있었고, 마치 우리가 지금 겪고 있는 기근처럼, 쉽지 않은 길이었소.

룻기의 이삭 줍기와 보아스를 만나는 과정은 깊은 상징을 담고 있소. 룻이 남의 밭에서 이삭을 줍는 것은 단순히 생존을 위한 행위가 아니라, 생명의 양식을 구하는 상징이오. 그것은 말씀을 구하는 과정이기도 하오. 특히, 이방여인으로서 밭에서 이삭을 줍는 룻이 겪었을 어려움은 우리 삶에서 진리를 찾기 위해 겪는 어려움과 비슷한 것 같소. 룻은 잠시도 쉬지 않고 이삭을 줍고, 그 과정을 통해 결국 보아스를 만나 새로운 소망을 품게 되었소.

보아스는 생존한 자와 사망한 자에게 은혜를 베풀며, 그가 떡을 떼어 룻에게 주고 초에 찍어 먹으라 한 것은 예수님의 성만찬과 연결되는 상징 같소. 룻은 이 과정에서 신랑을 맞이하기 위해 기름을 준비한 자처럼, 말씀과 은혜를 충분히 받고 준비된 자가 되었소. 그리하여 기업을 무르는 행사를 통해 룻은 신랑을 맞이하게 되었고, 나오미의 기업을 무를 자를 잉태하게 되었소. 결국 그 기업에서 예수님이 탄생하게 되었으니, 이 모든 과정이 하나님의 섭리였음을 깨닫게 되오.

권사님께서도 지금 우리가 예수님의 기업을 무를 자를 만나기를 간절히 기도하고 계실 것이라는 믿음이 당신의 말씀 속에 담겨 있소. 그 뜻을 따르기 위해, 우리는 룻이 걸었던 길을 깊이 음미하고 묵상해야 할 것이오. 그런데 룻기 3장과 4장에서 기업을 무르는 과정에 대한 깨달음이 아직 오지 않았소.

당신의 말씀을 깊이 생각하며 기도하겠소. 때가 되면 하나님께서 모든 것을 이해시켜 주실 것이라 믿소. 부산과 대구 간의 의견 차이도 권사님의 뜻을 찾는 과정의 일환일 것 같소. 그래서 옳고 그르다는 판단을 하기보다는, 모든 것을 사랑으로 참고 기다려야 한다는 당신의 생각에 공감하오. 사랑 안에서는 옳고 그름을 따지기보다는 화해와 용서, 그리고 장애를 넘어서는 소망을 바라보는 것이 중요하오.

예배를 드리는 동안 대구의 정집사님이 많이 생각나셨다는 말씀이 가슴에 와 닿소. 그분께 빚을 많이 졌다는 생각이 드셨다면, 편지를 보내는 것이 좋은 선택이겠소. 상훈이와 상민이가 공부를 잘했다는 소식이 당신을 기쁘게 한 것처럼, 저도 그 소식에 기쁨을 느끼고 있소.

우리 교회의 식구들과 가정을 위해 함께 기도드리며, 당신도 건강에 유념하고 편히 지내기를 바라오.

스물일곱 번째 편지

　당신의 편지를 받는 것이 그곳 소식을 듣는 유일한 기쁨이니, 매주 소식을 보내주셔서 고맙소. 식구들이 모두 잘 지낸다니 다행이오. 나는 여전히 발표할 논문을 준비 중이오. 연구 결과가 매우 잘 나와 좋은 발표가 될 것 같소. 동서양인의 감정 차이가 의의 있게 드러났다는 것은 큰 성과라고 생각하오. 영어로 논문을 작성하는 데 고생하고 있으나 그 과정이 쉽지 않지만, 결과가 기대되는 만큼 힘을 내겠소.

　학문의 방향을 정하는 데 있어 많은 시간을 보내고 있소. 어렴풋이 방향이 잡혀가고 있다는 점은 희망적이오. 다만, 구체적으로 어떻게 접근해야 할지 막막한 것은 당연한 과정일 것이오. 꼬집어 내듯 명확한 문헌을 찾지 못해도, 주변을 맴도는 문헌들을 모아나가면 결국 답에 가까워지리라 믿소.

이곳에서 얻은 가장 큰 깨달음이 학문에 대한 자신감이오. 스스로 우리 학문을 은연중에 비하한 것이 아닌가 하는 생각이 들었다니, 그 과정에서 자신감을 잃고 방황했을 수도 있었겠다 싶소. 하지만 이곳에서 경험하고 느낀 바는, 자신감을 잃지 않고 자신을 믿어야 한다는 결론에 도달한 것이오. 학문적 성과를 얻으려면 자신을 먼저 믿고, 그 믿음이 바탕이 되어야 앞으로 나아갈 수 있음을 깨달은 것 같소.

내가 연구한 변산 개념이 좋은 착상으로 평가받아, 현지 잡지에 발표를 권유받았소. Weiner 교수와의 상의한 후 내린 결론은 고국으로 돌아가 몇 가지 보완적인 실험 후 발표하기로 했소.

학문의 세계에도 개성이 존재하며, 그 개성은 학자가 자신의 연구에 부여하는 것이라는 깨달음이 매우 중요하오. 우리가 자신만의 학문적 개성을 찾고, 이를 통해 자신을 실현할 수 있을 때 비로소 진정한 학문적 성취를 이룰 수 있고, 대등한 입장에서 이곳 학자들과도 진정한 대화를 나눌 수 있을 것이오.

그동안 우리가 외국 학문을 받아들이는 과정에서 그 학문 자체보다, 학문을 대하는 태도를 잘못 받아들인 것 같소. 이는 우리에게 은연중에 열등감을 심어주고, 자기 자신을 비하하며 남을 흉내내는 것이 얼마나 어리석은 일인지 뒤늦게 깨달은 것 같소.

이번주에는 예레미야 42장을 보았소. 이스라엘의 남은 자들이 다시 애굽으로 내려가려는 장면에서, 하나님께서 예레미야를 통해 그들을 경고하시는 장면은 인간이 구원을 찾으려는 노력에도 때가 있으며, 잘못된 방향으로 나아가면 위험에 빠질 수 있음을 경고하는 것 같소.

창세기에서 하나님께서 애굽으로 이끌어 내려간 것도 결국 하나님께서 계획하신 과정의 일부였소. 이스라엘 백성들은 애굽에서 종노릇을 한 후, 하나님으로부터 율법을 받고 가나안에서의 생활을 시작하였소. 이때는 그들이 하나님께 종노릇하는 시기로, 그들의 영적 성장과 훈련의 기간이었소. 이후 바벨론 포로 생활이 시작된 것은 인간이 다시 육의 종노릇을 해야 하는 시기를 상징하는 것이오.

종노릇은 그로부터의 해방을 전제로 하는 것이오. 종이 되어 본 적이 없으면 해방의 의미가 없듯이, 애굽의 종노릇은 세상으로부터 자유함을 얻기 위한 과정이었고, 바벨론의 종노릇은 율법과 육으로부터의 자유를 얻기 위한 것이었소. 애굽에서의 종노릇은 신앙이 어린 시기에 하나님께서 인도하시는 과정을 통해 일어났지만, 바벨론에서의 종노릇은 신앙적으로 성숙한 단계에서 스스로의 결단이 요구되는 것이오.

이 시점에서 하나님은 우리가 육과 직면하여 싸우고 그로부터 자유함을 얻기를 원하시오. 그러나 많은 사람들은 이러한 도전을 두려워하여 피하려고만 하고, 심지어는 이미 해방된 애굽으로 다시 돌아가려는 경향을 보이오. 하나님께서는 그러한 행위에 대해 재앙이 따를 것을 경고하셨소.

우리는 현재 어떤 상태에 있는지 스스로 물어봐야 하오. 만약 우리가 바벨론 포로 생활을 하고 있는 상태라면, 하나님에 대한 소망을 품고 진미와 포도주를 거부하며 그 안에서 생활을 준비해야 하오. 바벨론에서의 종노릇은 신앙적으로 성숙한 결단과 도전의 시기지만, 그로부터 자유함을 얻기 위해서는 하나님의 뜻에 따르는 삶을 살아야 한다는 것이오.

예레미야를 통해 하나님께서 바벨론의 종노릇이 70년이라고 하셨고, 우리 인생 또한 성경에서 70년으로 언급되오. 율법에 따르면, 그 이후에 참된 인식을 하게 될 때, 우리는 모든 종노릇으로부터 자유함을 얻게 된다는 약속을 가지고 있소. 믿는 자들에게는 이 약속이야말로 모든 것이오. 그 소망을 품고 살아가는 것이 우리 신앙의 핵심일 것이오.

당신의 기도에 동참하며, 교회의 식구들과 우리가 아는 모든 사람들을 위해 기도드리겠소. 하나님께서 우리 모두를 바벨론의 종노릇으로부터 자유케 하시고, 그 소망 안에서 살 수 있기를 기원하오.

스물여덟 번째 편지

　새벽에 잠이 깨서 이런저런 생각을 하셨다는 말씀이 가슴에 와 닿소. 이곳에서 한국 사람들이 살아가는 모습을 보면서 무엇 때문에 그 고생을 감수하며 그렇게 사는지 납득이 가지 않는다는 생각에 공감하오. 그럼에도 불구하고 그들은 이곳이 좋다고 말하는 걸 보면 정말 이해가 어려울 수 있겠소. "나성병"이라는 말까지 나올 정도로, 아직도 많은 이들이 로스앤젤레스를 천국처럼 생각하고 있다는 소식은 놀랍소.

　현실은 재산을 밀반입하지 않거나, 의사와 같은 전문 자격을 갖추지 않은 사람들은 대부분 하급 막노동을 하며 살아가고 있소. 더군다나 유색인종으로서 겪는 멸시는 그들의 삶을 더욱 힘들게 만들고 있지 않소. 흑인에게조차 인종차별을 받을 정도라면 그들이 겪는 어려움은 얼마나 클지 상상하기 어려울 정도요. 이 현실 속에

168

서 사람들은 여전히 나성(로스앤젤레스)을 꿈꾸고 있지만, 그 이면의 고통을 모르고 있는 것 같소.

이곳에서 자수성가한 사람이라고 해봐야 세탁소나 작은 가게를 운영하는 정도라는 말에 깊이 공감하오. 아침부터 밤늦게까지 일하면서 안정적인 수입을 얻는 것이 그들에게는 성공처럼 보일 수 있겠지만, 그렇지 않은 대부분의 사람들은 하루 벌어 하루 먹고 사는 막노동에 의존하고 있소. 또 다른 경우는 재산을 밀반입해 한국인을 상대로 음식점이나 술집을 운영하는 사람들이지만, 그 역시도 제한적인 성공일 뿐이오.

사실상 이곳에서 한국인들이 현대 사회의 백인들에 종속된 삶을 살고 있는 것처럼 보이오. 물론 어느 정도의 자유가 있을지 모르나, 이 사회의 구조가 유색인종에게는 막노동 외에 다른 기회를 제공하지 않기 때문에, 청소, 잡역, 봉제, 세탁소, 집수리 같은 백인들이 꺼리는 일만을 하며 생계를 이어가고 있소. 그들은 이 사회의 가장 밑바닥에서 살아가고 있는 것이 현실이오.

이런 삶을 살아가면서도 여전히 많은 사람들이 이곳을 꿈꾸고 있다는 것이 참 아이러니한 현실인 것 같소.

미국에 영주권 없이 밀입국한 사람이 천만이 넘는다는 사실은 미국인들이 모르고 있을 리가 없지요. 하지만 그들을 가만히 두는

이유는 그들의 약점을 이용해 값싸게 노동력을 착취할 수 있기 때문이오. 그들은 막일을 꺼리지 않는, 쉽게 부려먹을 수 있는 종처럼 취급되며, 이 사회의 하층부에서 중요한 역할을 하게 되지요. 그럼에도 불구하고 많은 한국 사람들이 돈을 들여가며 이곳에 오려는 심리는 참으로 이해하기 어려운 일이오.

자녀 교육을 이유로 이곳에 오는 이들이 있지만, 그건 자녀를 백인들의 종으로 만들겠다는 말과 다를 바 없소. 미국에서의 자녀 교육은 말처럼 쉽지 않소. 돈이 많은 사람들은 사립학교에 보내어 양질의 교육을 받을 수 있겠지만, 대부분의 한국인들은 경제적으로 큰 부담을 느끼기 때문에 엄두를 내지 못하지요. 우리나라에서 대학을 보내는 비용의 두 배가 유치원부터 들어간다는 것은 참으로 충격적인 사실이오.

그 결과, 많은 이들은 어쩔 수 없이 자녀들을 공립학교에 보내게 되는데, 그곳에서 마주하는 약물, 성, 범법 등의 문제는 이미 심각한 수준이지요. 이렇게 교육환경이 어려운 상황에서, 단순히 "자녀 교육"을 이유로 미국에 오려는 마음은 현실을 제대로 이해하지 못한 결정일 수 있소.

비록 아이들이 좋은 대학에 진학한다고 하더라도 그들은 한국인으로서의 정체성을 잃고 부모와도 점점 멀어지게 되는 경우가 많소. 한국말을 모르는 상태에서 한국인으로 돌아갈 수도 없고, 얼굴이 다르니 완전한 미국인으로 살 수도 없소. 그 결과, 자신의 뿌리를 잃고 오직 자기만을 위해 살아가는 사람이 되는 것이오. 부모를 멸시하거나 저주의 대상으로 보는 일까지도 일어나며, 결국 자신을 보호하려는 본능이 강해지는 것이오.

그러나 이스라엘 사람들과 중국인들은 그렇지 않소. 그들은 오랜 세월 동안 전 세계를 떠돌면서도 자신들의 주체성을 잃지 않고 있소. 그들이 어떻게 이런 강한 정체성을 유지할 수 있었는지 참으로 부럽고, 그 힘이 어디에서 오는 것인지 궁금하오.

예레미야를 읽으며 "도벳"이나 "흰 놈의 골짜기"에 대해 느낀 점은 깊이 생각해볼 만한 주제인 것 같소. 예레미야 19장에서 "도벳"과 "흰 놈의 골짜기"는 하나님의 진노가 임할 장소로, 이스라엘 백성들이 하나님의 계명을 어기고, 그들이 알지 못하는 신들에게 분향하며 무죄한 자의 피를 흘린 결과로 멸망을 예언받은 장소이오.

흰 놈의 골짜기는 이스라엘의 전통과 역사를 이어온 장소로 볼 수 있지만, 그곳에서 하나님의 뜻을 저버리고 우상 숭배와 인신 제사까지 행함으로써 하나님의 진노를 받게 되오. 특히 도벳은 인신 제사가 행해진 곳으로, 그들은 자녀들을 불에 태워 몰록 신에게 바쳤는데, 이는 하나님의 뜻을 정면으로 거스르는 행위였소.

이 골짜기를 "여성의 음부"와 자녀를 낳는 곳으로 비유한 것은 흥미롭소. 그 의미는 이곳이 생명을 이어가는 장소임에도 불구하고, 이스라엘 백성들이 그곳에서 생명 대신 죽음과 타락을 선택함으로써 하나님과의 관계를 끊어버렸다는 점에서 더욱 의미 있게 다가오오. 자녀를 낳고 생명을 이어가야 할 곳에서 오히려 죽음과 파멸을 불러오는 행위를 함으로써 그들의 죄악이 절정에 이르렀다는 것이오.

우리가 낳은 자녀는 모두 하나님 보시기에 질그릇에 불과하오. 우리는 모두 연약한 존재로서, 인간의 한계와 죄성을 지니고 있소. 하나님께서는 이스라엘 백성에게 그들의 자녀를 바알에게 번제로 불살라 드리는 것을 크게 경고하셨소. 그들은 하나님을 배반하고, 이방 신을 섬기며 자신들의 자녀를 희생했소. 그로 인해 하나님의 심판이 예언된 것이오.

논문 발표가 6월 7일로 연기되었고, 그동안 느긋하게 일하고 계시다니 다행이오. 연구 주제가 점점 명료해지고 있다는 말씀도 기쁘게 들리오. 발표가 끝나면 방학으로 접어들고, 그 주제로 씨름해 보려는 계획이오.

예레미야서의 31절을 묵상하면서, 이곳에 이민 온 사람들과 연결된 생각이 떠올랐소. 자녀를 바알에게 바쳐 불태우고, 그 결과로 하나님께서 이스라엘의 생명을 거두시고 친구의 고기를 먹게 하시리라는 예언은 참으로 무겁고 경고적인 메시지 같소. 우리가 모두 질그릇 같은 존재임을 다시금 깨닫게 하면서, 그 안에서 신앙의 중심을 잡아야 함을 상기하게 되는 것 같소.

건강하게 잘 지내신다니 기쁘오. 우리 모두를 위해 기도드리며, 또 소식 전하겠소.

스물아홉 번째 편지

당신의 38번째 편지 잘 받았소. 나도 매주 편지를 보내고 있는데, 당신이 지난번 편지를 받지 못했다니 이상하구려. 아마 조금 늦게라도 도착할 것이오. 모든 일이 하나님께서 우리에게 맡기신 임무라고 생각하고, 기쁜 마음으로 감당해주기를 바라오.

이 세상에서의 삶은 마치 파도와 같은 것 같소. 한때 잔잔하다가도 다시 거센 파도가 몰려오고, 또 언제 그랬냐는 듯이 다시 잔잔해지오. 저 생으로 갈 때까지 그런 것 같소. 그러니 잔잔할 때 너무 자만하지 말고, 거세질 때도 너무 비관하지 말아야 할 것 같소.

나는 요즘 논문 발표 준비로 바쁘게 지내고 있소. 논문 결과가 예상보다 아주 깨끗하게 나와서, 이곳 교수들도 놀라고 있소. 다만 영어 실력이 부족해 그 결과를 영어로 쓰는 데 시간이 많이 걸리고 있소.

이번 주는 온전히 몇 가지 일에 모든 정력을 바쳐야 할 것 같소. 그 중 하나는 내 지도교수인 Weiner의 학설을 번복하는 부분이 있어, 그에게도 많은 도움이 될 것 같고, 그는 이 결과에 비상한 관심을 갖고 지켜보고 있소. 또한, 동양인과 서양인의 비교에서도 깨끗한 결과가 나와, 이 연구의 기본 가설이 타당하다는 것을 입증하게 되었소. 무엇보다도, '이타감정(利他感情)'의 구별이 동양인에게서만 나타나고 있어 아주 흥미롭게 생각하고 있소.

여하튼 이번 연구는 예상 밖으로 깨끗하고 좋은 결과를 얻어, 이곳에서 나도 한 번 큰소리칠 수 있게 되어 기쁘오. Weiner는 이 결과를 보고 자기가 연구의 주도권을 잡고 싶어 하는 것 같소. 발표도 자기가 하기를 원했으나, 나는 그것을 정중히 거절하였소. 학술지 게재는 공동으로 진행해야 할 것 같소. 그가 이 연구의 모든 경비와 지원을 해주었기 때문이오.

하여간 하나님께서 내가 이곳에서 홀로 고생하는 것을 보시고 나를 높여주신 것 같은 기분이 드오. 내가 지금까지 많은 연구를 해왔지만, 이렇게 깨끗한 결과를 얻은 것은 처음이니 말이오. 그것도 모든 것이 어설픈 이국땅에서 말이오. 장선생과 신건호에게도 고맙다고 당신이 전해주기 바라오.

이제 남은 것은 원고를 작성하여 발표하는 일뿐이오. 그 일이 끝나면 바로 다음 날부터 이곳은 여름방학에 들어가오. 나는 6월 30일까지 학교에 나가 한국으로 돌아가서 내가 하고 싶은 연구의 자료를 좀 더 모으고, 평소에 당신에게 이야기하던 주제를 정리해 볼 생각이오. 그 주제는 내가 일생을 걸고서라도 반드시 이루고 싶은 것이오.

이곳에 와서 이들과 접촉하면서 그 주제들이 더욱 실감 있게 다가오고 있으며, 나 자신도 어느 정도 자신감을 가지게 되었소. 결국 그 주제를 추구하는 것이 학자로서 나의 길이자 임무라는 것을 요사이 더욱 절실하게 느끼고 있소.

이번 주(6월 2일) 예배에서는 예레미야애가 2장을 가지고 말씀을 나누었소. 이스라엘이 황폐한 땅이 되고, 모든 영화가 물거품처럼 사라진 후 읊은 탄식이오. 그 장면은 무섭고 두려운 것이었소. 이스라엘은 하나님의 선민으로서 하나님의 성전을 짓고, 하나님의 도움으로 그 영화가 하늘까지 높이 올라갔었는데, 그 모든 것이 하루아침에 무너져 폐허만 남게 되었소.

왜 이렇게 되었겠소? 이 살육과 파괴는 하나님 앞에 나아가기 위한 하나의 필연적인 과정이었소. 이 과정을 피할 수 없는 것이오. 예레미야가 이스라엘에 경고한 본질이 바로 이것이었소. 하지만 이스라엘은 그 경고를 받고도 왜 돌이킬 수 없었겠소? 오히려 예레미야를 죽이려 했지 않았소.

예레미야의 경고는 예수님께서 말씀하신 "가이사의 것은 가이사에게"라는 말과 비슷한 맥락을 지니고 있는 것 같소. 결국 좁은 문으로 들어가라는 요구와도 같지 않겠소? 그러나 이스라엘은 스스로 바벨탑을 쌓으려 했고, 그것을 하나님을 영광스럽게 하는 일로 착각하였소. 그러나 그들이 쌓은 것은 가이사의 것, 즉 인간이 만든 우상에 불과했던 것이오.

결국 그들이 쌓은 성전은 바벨에 의해 파괴되고 마는 것이오. 성전이 바벨에 의해 파괴되기 전까지, 그들은 그것을 깨닫지 못했소. 그리하여 그들은 하나님을 저주하며 다시 애굽으로 내려가고 있지 않소? 그들이 그동안 의지하고 믿었던 우상이 무너졌을 때, 그들에게 남는 것이 무엇이 있었겠소? 그러나 예레미야는 그 가운데서도 새로운 소망이 움트고 있음을 예언하고 있소. 바로 바벨로 포로로 잡혀간 사람들에 대한 소망 말이오.

나에게는 예레미야애가가 믿는 자들이 겪는 가장 무서운 과정, 곧 그들이 의지하던 우상이 파괴되어가는 과정으로 느껴지오. 믿는다고 하면서도 좁은 문이 아닌 넓은 문을 택했을 때 겪는 과정인 것 같소. 결국은 진정한 믿음을 향해 가는 길에서 겪는 필연적인 과정이 아니겠소?

이 과정 속에서 나 자신을 돌아보니, 천국에 대한 나의 소망 중에도 사실은 우상에 대한 소망이 얼마나 오염되어 있는지 두렵기만 하오. 교회의 모든 식구들을 하나님께서 이끌어 주시기를 기도드리며, 이만 줄이겠소. 당신의 편지를 기다리겠소.

서른 번째 편지

　상훈이와 상민이가 보내준 편지는 반갑게 받았소. 그런데 이번 주에는 당신의 편지가 도착하지 않았소. 대신 정집사의 편지가 와서 한동안 그들 생각에 잠겼소. 내가 전화로도 이야기한 것처럼 발표회는 성공적으로 마쳤소. 매우 새로운 아이디어라는 평가를 받았소. 나도 생각해보니 꽤 좋은 아이디어였던 것 같소.

　논문 게재는 몇 가지 보완 실험을 진행한 후 발표할 예정이오. 아마도 돌아가서 해야 할 것 같소. 발표일이 마침 방학이 시작되는 날이어서, 교수들이 준비한 발표와 함께 파티도 열렸고, 선물도 받았소. 매우 흐뭇한 시간을 보냈소.

　나는 6월 말까지 학교에 나갈 생각이오. 그동안 한국에 돌아가서 할 내 연구 주제를 좀 더 구체화해 볼 계획이오. 그리고 7월 초까지 여기서 머물다가 동부, 뉴욕으로 떠날 생각이오. 가는 길에

시카고에 들러 성용현을 만날까 하오. 그가 여러 번 들르라고 전화하였소.

뉴욕에 사는 태형이랑 만나 좀 시간을 보내다가 다시 LA로 돌아와 8월 23일부터 시작하는 APA 총회에 참가해 볼까 하오. 그 후에는 곧바로 한국으로 떠날 예정이오. 가는 길에 일본을 거쳐 갈까도 생각 중이오. 하지만 이 모든 일정은 아직 확정된 것은 아니오. 그저 마음이 이끄는 대로, 발이 가는 대로 한번 다녀볼 생각이오.

정집사에게서 온 편지가 마음에 걸리오. 마치 잔잔한 물결에 돌을 던져 공연히 파문을 일으킨 것은 아닌가 싶소. 편지에서 하나님의 참뜻이 어디에 있는지 깨닫기를 간절히 소망한다고 했소. 그리고 권사님의 방향이 정말 옳은 길인지 스스로 반문해 본다고 하였소. 매우 솔직한 표현이오. 나도 권사님이 계실 때 수없이 같은 질문을 던졌고, 지금도 계속하고 있소.

이런 의구심 없이 믿는 자가 있다면, 그야말로 참으로 복 있는 자일 것이오. 그러나 우리 같은 속인들은 "욕심으로 물들인 자기" 때문에 남을 의심 없이 받아들이는 것이 어려운 것 같소. 눈으로 볼 수 있는 권사님도 받아들이기 힘든데, 보이지 않는 예수님을 받아들인다는 것은 더욱 어렵지 않겠소? 믿음이란 그리 쉽지 않은 것이오. 그래서 사람들은 믿음의 표징을 보여달라고 아우성치고 있소. 그 표징을 보면 믿겠다고 하지만, 믿음이란 원래 보이지 않는 실상이 아니겠소? 보이는 것을 믿는 것은 본질적인 믿음이라 할 수 없지 않소.

그런 점에서 우리는 믿음이 없는 패역한 세대라고 할 수 있소. 표징을 보아야만 믿는 자들은 결국 믿음보다도 표징을 구하는 마음이 더 앞서게 되오. 표징을 보면 믿겠다고 하지만, 정작 표징이 나타나면 믿음은 버리고 표징만을 쫓게 되는 것이오.

그렇다면 우리는 어떻게 해야 참된 믿음을 가질 수 있겠소? 나도 잘 모르겠소. 하지만 우리가 어린아이들을 보면, 그들은 어른의 말을 의심 없이 믿고 따르지 않소? 천진난만한 아이들에게서 배워야 할 점이 많다고 생각하오. 그들은 욕심으로 물들인 '자기'가 없기 때문에, 남을 있는 그대로 받아들일 수 있는 것이 아니겠소.

만약 우리가 '자기'를 내려놓을 수 있다면, 깊은 바다 한가운데로 배를 띄울 수 있을 것 같소. 그런데 우리는 얕은 물가에서 출렁이는 파도를 보고 두려워하며, 배를 띄우지 못하고 있지 않소? 지금도 예수님은 깊은 바다 한가운데서 우리를 부르고 계시지만, 우리는 '자기'를 포기하지 못하기 때문에 예수님도, 그리고 우리의 이웃도 믿지 못하고 있는 것이오.

우리는 어쩌면 '자기'를 그대로 두고, 아니, 더 나아가 '자기'를 옹호하기 위해 예수를 믿고 있는 것은 아닐까요? 그래서 우리는 표징을 바라는 것이 아니겠소? 만약 우리가 '자기'를 포기한다면, 더 이상 표징을 구할 필요가 없을 것이오. 표징을 구하는 것은 결국 우리의 불안과 두려움을 감싸려는 마음일지도 모르오. 하지만 '자기'를 내려놓는다면, 그때는 무슨 표징이 더 필요하겠소?

어렸을 때의 믿음과 장성한 자의 믿음의 차이가 바로 여기 있는 것 같소. 나나 정집사나, 우리 모두가 아직도 어린 시절의 믿음을 쫓고 있는 것이 아니겠소? 그래서 이것저것 헤아리고 따지고, 의식을 하고, 시기와 미움의 마음이 싹트는 것이 아니겠소. 바울은 이런 마음들이 사랑과 긍휼, 자비와 같은 차원에 있지 않다고 분명하게 말했소.

장성한 자의 믿음 속에는 오직 사랑과 긍휼만이 있을 뿐이오. 따라서 의심과 미움이 있는 한, 그는 믿음이 없는 것이나 마찬가지라고 할 수 있소. 믿음이 있다 하더라도, 그 믿음이 진정한 믿음이라면 '자기'를 포기하는 데서 시작되어야 하지 않겠소? 하지만 현실은, 그 믿음이 '자기'를 더욱 강화하고 옹호하려는 데서 출발한 경우가 많소. 그리하여 우리는 표징을 구하고, 보이지 않는 것을 두려워하는 것이오.

결국 참된 믿음은 '자기'를 내려놓고, 오직 사랑과 긍휼로 채워질 때 비로소 시작되는 것이 아니겠소? 믿음이란 표징을 구하는 마음을 넘어, 하나님을 온전히 신뢰하는 데서 비롯되는 것이니 말이오.

결국 우리가 우상을 숭배하고 있는 것이 아니겠소? 예수님을, 권사님을, 혹은 이웃을 신화화하며 믿는 것은 본질적으로 우상을 섬기는 것과 다를 바 없소. 이번 주 예배에서는 정집사님의 편지를 받고 기도하며 에스겔서 14장을 읽으며 말씀을 받았소. 이스라엘 백성들이 우상을 마음에 두고 선지자에게 나아가는 것을 하나님께서는 경고하고 계시오. 이는 결국 자기 욕심 때문에 하나님을 배반하는 행위요, 자기 이익을 위해 선지자를 쫓는 것이며, 하나님의 말씀을 듣고자 하는 것이 아니라 자기 욕심을 이루려는 것이오(7절).

만일 선지자도 이러한 유혹에 빠져, 자기를 내세우거나 자기 이익을 위해 말을 한다면, 그 또한 동일한 징벌을 받는다고 하셨소. 선지자의 죄와 그를 쫓는 자들의 죄는 같으며, 각자는 자신의 죄악을 담당해야 한다고 하셨소. 즉, 누구도 다른 사람의 죄를 대신 담당해줄 수 없다는 말씀을 반복하고 계시오.

하나님께서 칼과 기근, 사나운 짐승과 온역을 이스라엘에 내리실 때, 비록 노아, 다니엘, 욥과 같은 의로운 자가 있다 하더라도 그들은 그들의 자녀도 구원할 수 없고, 오직 자신의 의로 자기 생명만을 건질 수 있다고 하셨소. 이 말씀을 통해, 하나님께서 우리에게 요구하시는 것은 우리 자신의 의지, 즉 욕심으로 물든 자아를 모두 끊으라는 것임을 분명히 알 수 있소.

결국, 하나님 앞에서 우리 각자는 스스로의 죄를 온전히 책임져야 하며, 자기를 내려놓는 과정에서 참된 믿음을 찾을 수 있는 것이오.

모든 의심과 미움은 결국 우리가 자기를 내려놓지 못한 데서 비롯된 것이 아니겠소. 그렇다면 우리에게 남는 것은 무엇이겠소? 바로 부활이오. 이 부활은 눈으로 보이는 것도, 생각으로 꾸밀 수 있는 것도 아니오. 오직 믿음으로만 가능한 세계인 것이오. 하나님께서는 분명하게 말씀하고 계시오. 모든 재앙에서 벗어날 자는 하나님의 자녀들뿐이라고 말이오. 자녀란 아버지의 역사에 책임을 지고 함께 동참하는 자들이 아니겠소? 예수님께서 십자가를 통해 그러셨듯이 말이오.

이 자녀들을 통해 우리는 위로를 받고, 하나님의 역사의 당위성을 깨닫게 되는 것이오. 우리도 여기에 동참해야 하지 않겠소? 포도나무가 다른 나무들보다 나은 것이 무엇이겠소(에스겔 15장 2절). 아직도 이스라엘의 장로들처럼 우상을 마음에 두고 선지자를 찾는다면, 우리에게 남는 것은 결국 의심과 질투, 그리고 미움뿐이겠소.

정집사에게 답신을 하고 싶은데, 나 자신이 자격이 없다고 느껴지오. 좀 더 생각해보고 답을 전하겠소. 지금 우리에게 필요한 것은 모든 것을 다하고 하나님의 뜻을 기다리는 것이오. 서로를 위해 기도합시다.

다시 만날 때까지, 당신의 몸과 마음이 늘 건강하기를 기원하면서 이만 줄이오.

서른한 번째 편지

　당신의 39번째와 40번째 편지를 한꺼번에 받았소. 며칠 전 신문에서 류형진* 선생이 별세하였다는 소식을 보고 깜짝 놀랐소. 평소에 매우 건강하셨던 분이기에, 무슨 이유로 그렇게 갑작스럽게 돌아가셨는지 한동안 망연자실했소. 사람의 일이란 정말 한치 앞도 내다볼 수 없다는 것을 절실히 느끼게 되었소.

　더 높은 지위와 더 많은 재물을 쌓기 위해 그렇게 열심히 살다가도, 하루아침에 모든 것을 내려놓고 떠나야 한다면 그 모든 것이 무슨 소용이 있겠소? 이 모든 것이 다 헛되고 헛되다는 말이 가슴 깊이 와닿소. 류 박사의 부고는 나에게 많은 생각을 하게 했소. 과연 누구도 자신의 생애를 자신할 수 있는 사람이 있을까? 왜 사람은 그토록 생에 집착하는 것일까? 질그릇과 같은 이 인생에서 참된

---

* 한양대학교 사범대학 선배 교수

삶이란 무엇일까?

　내가 살아온 길을 되돌아보며 앞으로 가야 할 길에 대해 깊은 질문을 던지게 되었소. 현재의 심경으로는 "내" 삶을 포기하고 사는 것이 가장 올바른 길이라는 생각이 드오. 그리고 그 생각은 권 사님의 유언, "세상이 끝난 줄 알고 살라"는 말씀과도 맞닿아 있는 것 같소. 그러나 그 길이란, 우리가 호흡이 붙어있는 이 인생에서 얼마나 어려운 길인지 모를 일이오. 사도 바울의 말처럼, 우리는 그 목표를 향해 달음질할 수 있을 뿐이지, 그것을 이미 잡았다거나 이루었다고 말할 수는 없소. 진정으로 내가 내 삶을 포기할 때, 비로소 나의 삶이 당신의 삶이 되지 않겠소?

　또한 진정으로 세상이 끝난 줄 알고 살 때, 이 세상에서의 삶이 곧 천국의 삶이 되지 않겠소? 하지만 그렇게 사는 것이 얼마나 어려운지 알면서도, 우리는 목표를 향해 달음박질해볼 뿐이오. 아마도 권사님께서도 그것을 원하셨을 것이오. 권사님은 우리에게 그 목표를 제시하셨고, 그 목표를 향해 어떻게 달음질할지는 우리 각자에게 맡기신 것이오. 그 말씀이 자갈밭에 떨어진 사람도 있을 것이고, 폭포에 떨어진 사람도 있을 것이오.

　천국에 가까이 갈수록, 그 말씀이 마치 겨자씨와 누룩처럼 점점 커지고 부풀어오르게 되는 반면, 그와 동시에 "자기의 소유"는 점점 없어지게 되오. 결국 그것이 천국의 징표가 되는 것이 아니겠소? 보화와 진주를 사기 위해서는 자신의 모든 것을 팔아야 하듯이, 우리는 우리 삶의 모든 욕심과 집착을 내려놓아야만 진정한 천국을 향해 갈 수 있는 것이오.

이번 주 예배는 당신의 지난 회개가 내 마음에 크게 부딪혀 와서, 이사야 34장의 들짐승에 관한 말씀을 중심으로 예배를 보았소. 이 장은 애굽으로 내려간 예루살렘에 대한 경고로 받아들일 수 있을 것 같소. 사실 30장과 31장도 그와 같은 경고의 연장선에 있소. 당신의 말처럼 예루살렘은 우리 밖에서 찾을 수 있지만, 동시에 우리 안에서도 찾을 수 있소.

예루살렘 성이 불의로 가득 차고, 애굽을 의지하며 하나님을 저버릴 때, 하나님께서는 앗수르를 막대기로 삼아 그들을 치시고 모든 것을 황폐케 하시는 마지막 때를 경고하신 것이오. 예루살렘 성전이 악을 행하며, 그들이 드리는 제사는 소를 잡아 바치는 것이 살인과 같고, 제사를 드리는 것이 개의 목을 꺾는 것과 같으며, 그들이 드리는 예물은 돼지의 피와 같고, 분향하는 것은 우상을 찬양하는 것과 다를 바 없다고 하셨소(이사야 66장 3절).

그런데도 그들은 "나는 너보다 거룩하다"며 자신을 의롭다고 여긴 채, 다른 이들을 멀리하게 되는 것이오. 하나님께서는 그들의

192

이런 가증스러운 행위로 인해 그들에게 유혹을 주시고, 그들이 두려워하는 것을 그들 앞에 임하게 하신다는 경고를 주고 계시오. 그 보응은 큰 살육이오. 어린 양, 염소, 수양, 들소, 송아지, 수소에 대한 살육이 이 장에서 언급되는데, 이 모든 짐승은 인간의 죄를 대속하기 위해 성전에 바쳐지는 희생물이오.

이 말씀을 통해 깨닫게 된 것은, 우리의 내면에 있는 예루살렘 성이 불의와 죄악으로 가득 찰 때, 우리는 하나님을 저버리고 세상의 의지를 따르게 된다는 것이오. 그리고 그 결과로 하나님께서는 징벌을 내리실 것이고, 이는 우리의 죄악을 회개케 하려는 뜻임을 알 수 있소.

제물을 죽이는 행위는 하나님이 주시는 유혹이자 경고이며, 이를 통해 인간은 하나님을 만날 수 있는 기회를 영원히 잃게 되는 것이오. 여기서 에돔과 보스라는 패역한 성전의 또 다른 이름처럼 보이오. 그 성전이 여호와의 보응을 맞아 영원히 폐허가 된다고 하셨소. 물이 역청이 되고, 땅은 유황이 되어 꺼지지 않는 불 속에서 낮이나 밤이나 연기와 악취가 계속될 것이며, 이 황무한 성전은 아무도 지나가지 못할 것이라고 예언하고 있소. 이 속에는 깊은 의미가 담겨 있는 것 같소.

성전이 황무하게 되었을 때, 그곳에는 고슴도치, 부엉이, 까마

귀 같은 들짐승들이 살게 될 것이라고 하였소. 여기서 이 들짐승들은 각종 귀신과 더러운 영을 의미하는 것 같소. 하나님과의 관계가 단절된 성전에는 결국 부정한 영들과 귀신들이 머물게 되는 것이오. 그 성전에는 가시와 엉겅퀴가 자라나 포도나무가 자랄 수 없으며, 먹을 것이 없어 사람이 살 수 없게 되니, 자연스럽게 사랑과 은혜의 자리는 사라지고, 들짐승들이 그 자리를 차지하게 되는 것이오.

그리하여 이리와 아며, 숫염소와 올빼미, 부엉이, 솔개 같은 들짐승들이 그곳에 모이게 된다고 하셨소. 여기서 이 들짐승 하나하나가 그 자체로 상징적인 의미를 지니는 것 같소. 이들은 하나님과의 관계가 끊어진 결과로, 성전에 남아있는 죄악과 부패, 그리고 인간의 욕심이 만들어낸 영적 황폐함을 상징하고 있는 것이오.

결국, 성전이 하나님의 뜻을 따르지 않고 세상과 죄악에 물들었을 때, 그곳에는 아무런 생명도, 영적인 결실도 없게 되고, 대신 각종 더러운 영들이 그 자리를 차지하게 되는 것이오.

신명기 14장 13절에 나오는 먹을 수 없는 깨끗하지 못한 짐승들은 믿음이 없는 우상 숭배자들을 상징하는 것 같소. 베드로가 환상에서 본 깨끗하지 않은 음식, 즉 이방인들이 이 짐승들에 해당되는 것 같소. 각 짐승이 어떤 구체적인 의미를 지니는지는 나도 잘 모르겠소. 그러나 이사야 34장 16절을 보면, 하나님께서 그 짐승들을 하나도 빠뜨리지 않고 각각 짝을 이루게 하셨다고 하고 있소. 하나님은 그것들을 위해 손수 레비를 뽑으시고 친수로 줄을 재어 그 땅을 나누어 주셨다고 하니, 각 짐승들이 단순한 존재가 아니라 어떤 상징적인 의미를 갖고 있다고 할 수 있겠소.

이 짐승들이 믿음 없는 자들을 상징하는 것은 분명해 보이오. 또한, 우리 안에 엉겅퀴나 지려가 자랄 때 나타나는 탐욕과 같은 것들을 상징할 수도 있소. 이사야 34장에서 포도나무(예수님)가 발붙일 곳이 없을 정도로 엉겅퀴가 자라난 그 성전 뜰에, 결국 짐승들이 활개 치는 장면은 탐심이 우상숭배를 낳고, 우상숭배가 하나님의 진노를 불러일으키는 모습을 보여주는 것이오. 하나님의 진노는 하나님과의 관계가 끝나는 것을 의미하며, 믿음에서 보면 이는 곧 영적인 사망을 의미하지 않겠소?

나 또한 육의 사망을 목도하면서, 비로소 영의 사망에 대해 다시금 생각하게 되니, 아직도 내가 가야 할 길이 멀다는 생각이 드오. 우리가 탐심과 우상숭배에서 벗어나 참된 믿음을 이루기 위해서는, 이 모든 것을 내려놓는 과정이 필요할 것 같소.

이제 그곳도 방학이 시작되었을 것이리라 생각되오. 나도 건강하게 잘 지내고 있으며, 요즘 방학이라 도서관에서 연구할 문제를 놓고 씨름하고 있소. 당신과 아이들의 건강을 위해 기도드리며, 이만 줄이오. 다시 편지할 때까지 평안하길 기원하오.

서른두 번째 편지

　이번 주에는 당신의 편지를 두 통이나 받았소. 1년이 54주인데 벌써 41통이나 받았으니, 이제 돌아갈 날도 멀지 않은 것 같소. 나도 학교 일을 모두 마쳤소. 책 구입도 끝냈고, 복사도 다 마쳤소.

　오늘 주일 아침에는 에스겔서 47장을 가지고 예배를 보았소. 바벨론 포로로 잡혀간 에스겔이 여호와의 권능을 따라 이스라엘로 돌아가, 폐허가 된 성전터에서 하나님의 새로운 성전을 이상 중에 보게 되었소. 하나님께서 에스겔로 하여금 그 성전을 눈으로 보고, 귀로 듣고, 마음으로 생각하게 하신 이유가 무엇이겠소(40장 4절)? 성전은 우리의 소망이기 때문이오. 눈에 보이는 성전도 그렇지만, 우리 안의 성전 또한 그렇소.

　소망은 현실을 낳고, 믿음은 보이지 않는 것들의 실상이 아니겠소? 성전의 규모와 식양을 찬양한다는 것은 우리 안의 성전 또한

그렇게 수축되고 있다는 것을 의미한다고 생각하오.

실상 현실은 내 안에 그려진 그림에 불과하오. 내 안에 그림이 없다면, 현실이 어떻게 이루어질 수 있겠소? 지난주에 내 안에는 들짐승들만이 살고 있다고 했지만, 이 회개의 과정을 통해서 나는 예수가 사시는 성전임을 깨달아야 하오. 회개는 그 깨달음으로 가는 길잡이일 뿐이오. 회개만으로 끝나는 것이 아니라, 그다음에는 내 안에 성전에 대한 그림을 그려야만 하오.

그리하여, 에스겔서 47장 말씀처럼, 성전이 된 내 몸에서 샘이 솟아나기 시작하는 것이오. 그 샘은 성전의 문지방을 넘어 흘러가 점점 큰 내를 이루고, 그 내는 강이 되어 바다로 흘러 들어가 많은 생물을 소생시키는 물이 되는 것이오. 그것이 바로 생수요, 온 세상을 살리는 물이오. 광야와 같이 메말라 죽어가던 것들을, 다시 생수로 소생시키는 것이지 않소?

이 생수는 단지 죽어 있던 것들을 살리는 것뿐만 아니라, 진펄처럼 고여 있던 영적 강이나 바다도 새로운 영을 소생시키는 물로 변화시키는 것이오.

이제 그 땅에 새로운 이스라엘이 세워져, 각 지파가 자신의 지경을 나누고 하나님의 선민으로서 살아가게 되는 것이오. 우리가 회개를 통해 예수께서 내 안에 거하심을 깨달을 때, 우리 안에 성

199

전이 세워지고, 그 성전에서 나오는 생수로 인해 우리가 온전히 살아가게 되는 것이오. 에스겔서 전장은 바로 이 과정을 매우 상세하게 기록해 놓은 것 같소.

정집사님께는 아직 편지를 쓰지 못했소. 몇 번 펜을 들었다가 내려놓곤 했소. 내가 정집사님께 말할 만한 주제가 되지 못하는 것 같아서요. 하지만 모든 것이 하나님의 뜻 안에 있음을 믿고 있소. 하나님에 대한 믿음은 정집사님만한 분이 없지 않소? 교회 식구들도 모두 잘 계시다니 참 감사한 일이오. 아버님과 어머님도 여전하시다니 다행이오. 이곳 식구들도 다들 평안하오.

이제 당신도 성적을 다 내고 요즘은 좀 편해졌을 것 같구려. 이번 여름방학에는 아이들과 함께 보람 있는 계획을 세워 잘 보내기를 바라오. 부산이나 대구로 순방하는 것도 좋을 것 같소. 그럼 또 서로 연락하며, 우리의 건강을 기도드리면서 이만 줄이오.

어느 심리학자의 성경 보기

초판발행	2025년 4월 10일
엮은이	이상민
지은이	이수원
펴낸이	노 현
편 집	전채린
표지디자인	이수빈
제 작	고철민 · 김원표
펴낸곳	㈜ 피와이메이트
	서울특별시 금천구 가산디지털2로 53, 210호(가산동, 한라시그마밸리)
	등록 2014. 2. 12. 제2018-000080호
전 화	02)733-6771
f a x	02)736-4818
e-mail	pys@pybook.co.kr
homepage	www.pybook.co.kr
ISBN	979-11-7279-035-6 03040

정 가   17,000원